A Lei da Atração para a Vida, o Amor e a Felicidade

Debbie Frank

A Lei da Atração para a Vida, o Amor e a Felicidade

Mude sua Vida num Instante

Tradução Ícaro Bonamigo Gaspodini

LAROUSSE

Título original em inglês: *Cosmic ordering: guide to life, love & happiness*
Edição original publicada no Reino Unido por Penguin Books Ltd, 2007

Edição brasileira
Gerente editorial **Solange Monaco**
Editor **Isney Savoy**
Preparação de texto **Regina Melo Garcia**
Revisão **Cláudia Levy**
Capa **Smith & Gilmour, London**
Adaptação de capa **Renné Ramos**
Diagramação **Fábio Alves**
Produção gráfica **Marcelo Almeida**

Dados Internacionais de Catalogação na Publicação (CIP)
(Câmara Brasileira do Livro, SP, Brasil)

Frank, Debbie
A lei da atração para a vida, o amor e a felicidade / Debbie Frank; tradução Ícaro Bonamigo Gaspodini. -- São Paulo : Larousse do Brasil, 2008.

Título original: Cosmic ordering.
ISBN 978-85-7635-311-9

1. Atrações 2. Auto-ajuda - Técnicas 3. Autoconhecimento 4. Energia vital 5. Pensamento 6. Sucesso - Aspectos psíquicos I. Título.

08-02614 CDD-131

Índices para catálogo sistemático:
1. Autoconhecimento : Consciência energética : Parapsicologia 131
2. Energia cósmica : Desenvolvimento pessoal : Parapsicologia 131

1ª edição brasileira: 2008
Direitos de edição em língua portuguesa, para o Brasil, adquiridos por Larousse do Brasil Participações Ltda.
Av. Profa. Ida Kolb, 551 – 3º andar – São Paulo – SP – CEP 02518-000
Telefone: (11) 3855-2290 – Fax: (11) 3855-2280
E-mail: info@larousse.com.br
www.larousse.com.br

Para Lulu-Mei – você é o meu
pedido mais especial!

Índice

Introdução

E se...

Afinal, por que escrevi este livro? Trabalhar como astróloga fez com que, durante anos, todos os tipos de pessoas confiassem a mim suas esperanças, sonhos e desejos. Ouvi histórias de grandes conquistas e de muitas decepções. É maravilhoso quando alguém sente que está conseguindo o que quer; ou quando percebe que os astros estão perfeitamente alinhados; ou se sente conectado com o que o universo tem a lhe oferecer; ou quando um sonho se torna realidade. Por outro lado, também ouço as pessoas contarem que fizeram um mau negócio, que não sabem o que houve de errado ou que nunca conseguem conhecer ninguém.

Realmente existe uma ordem no universo que está além do nosso controle. Mas nós também podemos *estabelecer* uma ordem cósmica, ou uma lei da atração. De uma hora para outra, as pessoas passaram a ter consciência disso – conversam sobre essa lei da atração e lançam seus desejos ao universo.

Mas, e se nada acontecer? E se o universo ainda assim não fizer o que se esperava? Este livro trata dos "e se...". Ele o ajudará a compreender que é *você* quem cria sua própria realidade. Não que você precise mudar o que está fazendo ou deixando de fazer. Mas deve, sim, redirecionar as crenças e os valores que causam desarmonia na sua lei da atração, direto para o depósito, em vez de dirigi-los à porta de sua casa!

Tudo o que somos é resultado do que pensamos.
Buda

Por ser astróloga, sempre sou abordada com a seguinte pergunta: "O que acontecerá comigo no futuro?" A questão em si sugere que o cosmo já possui tudo mapeado para você. Entretanto, as pessoas se surpreendem quando respondo: "Como você *deseja* que seu futuro seja?" *Porque, eventualmente, você se transforma naquilo que imagina.* Nossos pensamentos são incrivelmente poderosos – são como vírus que se espalham tão rapidamente, causando impacto em tudo o que fazemos. Nossos pensamentos não somente influenciam os acontecimentos de nossas vidas, como também determinam a maneira pela qual vivenciaremos essas experiências, o que atraímos e o que fazemos com tudo isso.

Dessa maneira, se o que pensamos é tão importante, essencial, portanto, que possamos produzir os pensamentos certos. Se pensarmos positivamente, poderemos, então, utilizar ativamente essa incrível ferramenta, e pedir toda a sorte de coisas – uma oportunidade, um relacionamento, um sentimento maior de felicidade. Mas as intenções não precisam ser sempre tão egoístas – você também pode pedir pela felicidade de alguém ou desejar o bem para a vida de outro. Mas será que isso realmente funciona? Será que um desejo pode fazer alguma diferença? Não é raro ouvir das pessoas: "Eu nunca conheço ninguém. Nunca me oferecem o que eu quero". Mas, afinal: o que realmente acontece?

Você Está Pronto para Fazer o seu Pedido?

Se você estivesse em um restaurante e o garçom viesse atendê-lo, nem sequer cogitaria pedir bife e batatas-fritas se o seu desejo fosse saborear um delicioso salmão com purê de batatas. Ordem cósmica seria exatamente como ir a um restaurante e fazer um pedido. A técnica toda é muito simples. Peça o que você quer e não o que não quer. Não mencione as coisas que você está deixando de lado. Apenas escolha o que mais quer no momento.

Se estiver em um restaurante e o garçom demorar a atendê-lo, você precisará atrair a atenção dele. O mesmo ocorre com o universo. Às vezes, é necessário ser muito franco e ter força de vontade para fazer-se notar e conseguir o que se quer. Outras vezes o serviço é lento, segue o seu próprio ritmo, mas você está aproveitando e gostando do ambiente, e pode acompanhar o fluxo até que chegue o momento em que receberá o que pediu.

Às vezes você pede uma coisa, mas recebe outra completamente diferente. O universo manda algo ou alguém que não tem nada a ver com seu pedido. Você pode escolher em devolvê-lo, ou refletir: "Pensando bem, até que isso é bom. Eu aceito!"

Tudo Acontece como Deve Ser?

O que está determinado a ocorrer realmente acontece? Será que o destino costuma nos dar uma mãozinha? Até certo ponto, sim. Nós não somos quadros em branco. Viemos ao mundo já com algo previamente traçado, mas é o que escrevemos nele o que realmente conta. Não podemos escolher como vamos nascer (ou talvez possamos, dependendo da teoria espiritual que se segue); entretanto, sempre podemos escolher o que pensamos e como nos relacionamos com as coisas. A influência que exercemos sobre a realidade nos parece muito sutil, mas na verdade é altamente significativa.

Se um determinado objeto sólido, uma colher, por exemplo, pode ser retorcido pelo poder da mente, a realidade pode não ser tão estável ou imóvel como parece. Tudo está em processo de mudança em certo nível. *Nós interagimos com o destino a todo momento.* Às vezes pensamos que não temos poder algum para fazer qualquer coisa, mas é aí que as circunstâncias ditam o que acontece. Às vezes bloqueamos os acontecimentos. Tentamos manter o controle para, desse modo, evitar dificuldades. Mas ao fazermos isso, estamos nos recusando a olhar os eventos sob novas perspectivas e, portanto, impedindo que as coisas boas da vida cheguem até nós.

Desejo

Eu decidi escrever este livro por acreditar que existe algo a mais na ordem cósmica do que simplesmente o fato de fazer um pedido. Há algo a mais na astrologia do que a impalpável energia dos astros. *Você é o ingrediente vital. Aquele que mantém o poder nas mãos*. Escrevi sobre os padrões, sobre o que atrapalha a lei da atração e sobre como você pode pensar diferentemente, agindo de maneira poderosa e fazendo com que seus desejos se realizem. Nesse exato momento você já está magnetizando sua própria realidade. Este livro chegou em suas mãos, seja por escolha própria ou por acaso. Faça o que quiser com essas palavras. Desejo a você o melhor na vida, no amor e muita felicidade.

1
O Universo – Dois Mundos em Colisão

O Mundo Visível

Cada um de nós roteiriza nosso próprio filme na vida, no amor e no universo. Vemos tudo através de lentes que possuímos, de forma que nenhuma outra realidade se iguala a nossa. É lógico que todos concordam que uma pá é uma pá, e um prato é um prato. No entanto, até mesmo esses objetos podem não ser tão sólidos como aparentam num primeiro momento. Eles são feitos de minúsculas partículas vibratórias que se agrupam e tomam a forma que podemos ver e tocar, e os entendemos como sendo uma pá ou um prato. Todas as coisas do nosso mundo físico cotidiano, incluindo os alimentos, roupas e nosso próprio corpo, são feitas de energia.

Quando olhamos a vida, é importante que não creditemos um valor imediato às coisas. Segundo o ponto de vista científico, algo só pode existir se for testado e provado. Mas não é incrível que o amor e a beleza, embora não possam ser testados nem provados, são tão reais para nós?

O mais extraordinário é que, até hoje, nenhum cientista foi

capaz de provar que o chamado “mundo real” realmente existe. O mundo parece suficientemente real, mas, se submetido a um exame microscópico, veremos que ele se torna um campo de energia eletromagnética bruta que se arranja em formas e padrões reconhecidos e registrados em nosso cérebro como objetos identificáveis.

Poderíamos dizer que fabricamos o mundo dentro de nossas mentes, de acordo com as mensagens recebidas pelo corpo e cérebro, e que nossos cinco sentidos organizam as impressões sobre o que há no mundo exterior. Então, processamos toda essa informação e a adaptamos ao querido “mundinho familiar”. E cá estamos novamente. Repetindo as visões, os sons e os sinais para nós mesmos, garantindo que ainda existimos, que tudo ainda está em seu devido lugar e continua da mesma forma. Mas a realidade não é exatamente essa.

O verdadeiro fator surpresa que aparece nisso tudo é de que criamos nossa própria realidade e escolhemos o que queremos ver. Cada um de nós molda sua própria versão de realidade através de filtros individuais – qualidades de cada um enquanto ser humano, suas expectativas e o meio ambiente em que se vive.

Esse é um pensamento muito libertador. Significa que não somos limitados a experimentar a vida “como ela se apresenta a nós”. O universo é, na verdade, um reflexo de nós mesmos. De tal forma que podemos mudá-lo ou reorganizá-lo da maneira que nos for mais conveniente.

Você deve estar pensando que isso exigirá truques mágicos ou anos de disciplina iogue, mas não há nada de extraordinário, pois na verdade você já faz tudo isso. Já vê o mundo através de suas próprias visões, idéias, gostos, condicionamento e consciência. E seu ponto-de-vista parece ser bem diferente, se comparado com o de outra pessoa.

O Mundo Invisível

Existe um mundo invisível que permeia todos os aspectos do nosso ser, que faz com que tudo se agrupe, nos ajudando a encontrar um sentido para a vida. Ele contém nossos sentimentos, palpites, conhecimentos, a conexão com os outros. É o que Jung[1] chamou de "o coletivo", e Deepak Chopra[2] chama de "a sopa".

Algumas pessoas sentem-se mais conectadas a esse reino invisível do que outras. Médicos, cientistas e engenheiros tendem a ficar fascinados pelo que vêem em termos tangíveis no mundo visível, enquanto pessoas da mídia, artistas e escritores geralmente possuem uma inclinação ao invisível. Mas, deixando isso de lado, cada um de nós está posicionado em algum lugar do espectro e nos deslocamos entre os dois extremos.

Somos forçados a viver no mundo visível "real" simplesmente porque nascemos nele. Vivemos em nosso corpo, que

1 Carl Gustav Jung, psiquiatra suíço.

2 Médico indiano, radicado nos Estados Unidos, autor de livros que destacam a relação entre ciência e espiritualidade; especialista em motivação.

é o primeiro bem tangível. Saber lidar com o que é físico é um ingrediente essencial à vida. Todos nós temos de aceitar o inevitável mundo real que inclui: o saber lidar com dinheiro, encontrar um lugar para morar, conseguir alimentos e desenvolver várias funções corporais. O mundo que descobrimos pode ser um lugar de beleza, prazer e contentamento, e algumas das funções físicas, de fato, são até muito prazerosas!

O mundo invisível, por outro lado, é opcional – pode parecer um luxo, mas não é uma ilha paradisíaca onde podemos nos satisfazer completamente. Costumamos repreendê-lo ou negá-lo quando estamos em perigo. Nele podemos reconhecer sentimentos de raiva contida ou de frustração. Imagine o quão distante e extenso foi o percurso de sua energia negativa até que você finalmente pudesse colocá-la para fora.

Nessa esfera invisível é onde encontramos orientação, inspiração, amor, bondade, aceitação, perdão e também o senso de que algo muito grande está por acontecer. A esfera invisível recebe muitas críticas dos que são centrados no mundo real. Como se esse mundo não existisse. O que é perfeitamente compreensível, pois ele *é* invisível! Mas espere até que uma dessas pessoas do tipo racional se apaixone. Aí é que elas percebem que existe algo a mais na vida, além de fatos e representações. Mas, obviamente os cientistas também estão de olho no amor. Recentemente anunciaram que o amor nada mais é do que uma boa dose de substâncias químicas que são lançadas em nossa corrente sanguínea. Segundo os cientistas, estamos à mercê de uma súbita dose de serotonina ou algo do tipo. Isso pode ser verdade numa interpretação bioquímica, mas o amor é também um fator espiritual, emocional, externo a esse mundo. Existe a conexão entre duas almas que se sentem bem juntas, e não há como este sentimento ser reduzido à simples propagação de algumas substâncias químicas.

Bom ou Mau? A Realidade Não é Objetiva

O mundo invisível nos une. Quando clientes me procuram, buscando conselhos astrológicos, e eu inicio uma explicação sobre o trânsito específico de um planeta em seu mapa astral, eles geralmente me perguntam: "Isso é bom ou mau?" Esse é o resumo do quanto nos é perturbadora a idéia de aceitar uma força invisível sem que possamos imediatamente querer transformá-la – antes mesmo que ela aconteça – em algo manipulável e definível. É assim que mantemos o controle. Ou pelo menos é o que pensamos.

No mundo invisível, o que nos acontece não deveria ser categorizado dessa forma, já que é nas piores experiências que atingimos maior consciência e trazemos forças interiores à tona. Às vezes as "boas" experiências que tanto procuramos, como casamento ou o nascimento de um bebê, também podem ser as mais estressantes. Nada é o que parece ser, nem o que se espera que seja. Tudo é simplesmente parte do todo.

Qualquer situação pode ser vista como boa ou ruim, dependendo de quem a vê, mas ambas podem ser extremamente desgastantes. Costumamos ser rápidos para fazer julgamentos, e esse é o tipo de atitude que pode conduzir a rupturas, divórcios e até mesmo guerras. Por isso, quando você estiver prestes a atacar alguém com todas as forças de um "especialista em terror emocional", é bom lembrar que todos somos feitos da mesma matéria (no mundo visível) e que estamos interligados (no mundo invisível).

Não importa o quanto você se sinta separado, isolado ou solitário. Seja porque escolheu meditar em silêncio no alto de uma montanha por vinte anos, seja porque passou o dia todo deitado na cama com dor de cabeça. É simplesmente impossível desconectar-se. *Você faz parte da sopa, querendo ou não.*

A decisão é sua se quer manter todos os seus amigos em conexão permanente. Ter pessoas disponíveis, seja através dos cinco sentidos ou da tecnologia, garante uma sensação de presença. Mas passar seu tempo conversando ou trocando e-mails não é a única forma de manter-se conectado.

Um bebê aprende que seus pais o amam e continuarão cuidando dele mesmo quando está sozinho no berço. Ele tem que desenvolver confiança no mundo invisível – com a ajuda de um objeto, talvez um brinquedo, o bebê é capaz de assegurar o amor de seus pais, mesmo quando eles não estão presentes. Se nunca tivéssemos aprendido isso, estaríamos literalmente agarrados na barra da saia de nossas mães até a crise de meia-idade.

A verdade é que geralmente nos conectamos uns com os

outros por meio de pensamentos. Algumas vezes pensamos com tanta intensidade em uma determinada pessoa que, imediatamente, ela nos telefona.

Energia

O que nos traz ao assunto "energia" não é somente o conceito relacionado às calorias dos alimentos, ou o que você gasta se exercitando na academia, ou correndo atrás dos seus filhos (ou de seu ou sua amante). Refiro-me à energia que é a essência da vida no mundo invisível, e que é exatamente aquilo que escolhemos sem nos darmos conta disso.

Esse tipo de energia aparece de diversas formas. Pode ser pesada e mover-se lentamente como um elefante, pode alcançar um lugar tão alto como um prédio de apartamentos ou preencher o ar como quando estamos de péssimo humor. Em contraposição, a energia leve pode ser como algodão, uma pena, um beijo.

Sempre sentimos a energia de outra pessoa. É o que nos faz ficar atraídos ou afastados. Em alguns casos essa energia é o que nos faz ficar apegados aos humores alheios e mais tarde nos perguntamos por que nos sentimos de tal forma. Para perceber a energia, o humor, a atmosfera, a vibração – ou o nome que preferir –, você deve ficar atento às sutis forças e correntes de energia que percorrem os lugares, pessoas e situações.

Quanto mais você se der conta dessa energia, mais fácil será para compreender o que está acontecendo, calcular os movimentos e conduzir suas as ordens cósmicas a uma atmosfera receptiva.

Como Podemos Mudar a Energia ou a Experiência

Já que o mundo se organiza segundo nossas expectativas, podemos fazer algumas mudanças em sua configuração se tivermos expectativas diferentes. Por exemplo, se você acha que determinada pessoa de seu círculo social é egoísta, gananciosa e exigente, então é exatamente isso que ela será. Mas se, cada vez que encontrar essa pessoa, conseguir enxergá-la como se fosse a primeira vez que a visse, com um novo olhar e sem expectativa nenhuma, dará oportunidade para que ela lhe surpreenda.

Eu poderia considerar que o mero fato de você estar numa sala cheia de objetos inanimados pode mudar a energia existente no local. No minuto em que observamos alguma coisa ela já perde sua essência, porque o ato de estarmos presentes e de notá-la já altera sua energia.

PEDIMOS ALGO NO SENTIDO ESPIRITUAL

Mas a entrega é terrena! Ordem cósmica, ou lei da atração, é uma conexão entre céu e terra, divino e mundano.

Entendendo o Universo em se Tratando da Lei da Atração

É importante abrir seus canais de energia e manter-se receptivo, consciente e disponível para receber sinais do mundo invisível. Tais sinais podem vir de outras pessoas ou como confirmações de que estamos no lugar certo ou a caminho dele.

O principal é não dormir nessa grande viagem chamada vida, e manter-se alerta às mensagens que estão disponíveis. Certificar-se de que você tem consciência suficiente para fazer um pedido e estar atento à entrega, não importa quando ela aconteça.

Observe sua própria energia, sua força vital. Esteja consciente do fluxo e do refluxo, e o quanto algumas pessoas podem exercer influência sobre isso. Como você pode se sentir reforçado e protegido de sugadores de energia? Você precisa ser forte física e mentalmente, e estar sempre acordado e alerta para receber os benefícios da lei da atração.

O processo todo não significa que você apenas sente-se e deixe que a vida aconteça a seu modo. Naturalmente há correntes por aí que podem pressioná-lo a desviar-se de seu caminho. Mas é preciso definir um percurso e ter um propósito ou destino em mente. Dizer sim para a vida envolve a certeza de estar consciente e utilizar tudo que estiver disponível.

Quando você está se sentindo desanimado ou preocupado,

imediatamente coloca um obstáculo no fluxo de energia. De fato, há uma boa dose de verdade no ditado que diz que "nós somos nossos piores inimigos". Toda vez que você tem um pensamento negativo, imagina o pior ou absorve a idéia coletiva que opera com medo, perde energia. Isso não significa que pensar ou falar sobre coisas "ruins" sempre trará energia negativa. É verdade que um problema compartilhado significa metade de um problema, mas também pode significar um problema em dobro. Se você conseguir transformar esses pensamentos ou conversas em algo positivo, ou se conseguir ajudar alguém de um modo positivo (mas não exagerado), abrirá portas às boas energias, às soluções ou a uma sensação de alívio.

O Conceito de Abundância e Fluxo

Não hesite em entregar-se livremente. Seja generoso com seu amor, suas idéias e seus gestos de ternura. Dê o que vem de você – esse é o maior dom. Você nunca ficará sem ele, e quanto mais você der, mais poderá manifestar. No mundo invisível é possível criar o que quer que você seja capaz de imaginar. Portanto, não seja "pão-duro" quando estiver pronto para doar.

Mas você também precisa ser generoso consigo mesmo. O que significa *relaxar* onde for possível. Não procure as coisas de forma descomedida nem tente conseguir algo desesperadamente. Se você retirar o esforço excessivo ao buscar seus objetivos, o fluxo normal poderá ser restaurado. Preocupar-se em demasia com o fato de não ter o que quer na quantia que deseja, ou que não realizará seus desejos, ou que as coisas não são tão boas quanto você imaginou, tudo isso simplesmente obstrui seu canal de energia e, conseqüentemente, pode contribuir para que esses prognósticos se realizem.

O que há de extraordinário no universo é que ele flui independente de nós. A questão principal está em entrar no fluxo e estar aberto a ele. Quanto mais claros forem nossos pensamentos e desejos, melhor será o aproveitamento que tivermos deles. No próximo capítulo você descobrirá exatamente o que é a lei da atração e como o universo pode responder a isso.

2
O Que é Lei da Atração?

O Que é Isso?

Lei da atração é o novo jargão para algo que tem estado presente há anos em forma de visualização positiva. Ainda assim, as pessoas constantemente perguntam-me o que exatamente isso significa. Em resumo, lei da atração envolve um pedido que fazemos às "forças que existem" a fim de que nossos sonhos e desejos tornem-se realidade. Isso requer intenção, crença, desejo de quebrar os padrões do passado e a capacidade de perceber e de tirar vantagem das oportunidades.

A Quem Você Pede?

O universo é não-designativo e não importa como você se refere a ele ou de que maneira faz o seu pedido. O que importa é estar apto a comunicar seus desejos e suas esperanças, e concentrar-se em receber o que pediu.

O Que Não É

Isso tudo pode parecer maravilhoso: você pode pedir para ganhar na loteria, ser tão rico quanto Croesus[3] e passar os dias onde bem entender, viajando no seu jato particular e no seu iate de milhões de dólares. Você pode sonhar com o(a) amante perfeito(a), subir ao topo da carreira de trabalho e incluir-se na lista das estrelas mais bem pagas do cinema. A lei da atração não impede que isso aconteça, mas funciona melhor quando você vê que ela é uma ferramenta poderosa para auxiliar na transformação de sua vida, em vez de vê-la como uma lista cósmica de desejos e um serviço de entrega de malotes.

A energia envolvida na lei da atração não pode ser usada para prejudicar pessoas ou conseguir o que você quer às custas de alguém. É essencialmente uma influência benigna da qual podemos fazer uso.

Lei da atração também não é uma panacéia. Por exemplo, ela não pode fazer com que você se recupere magicamente de uma doença séria. Existem muitas histórias de pessoas que conseguiram se recuperar por meio de "absoluta força de vontade" ou de "pensamento positivo" – mas esse seria um outro livro e não pretendo apresentar sugestões de como a lei da atração pode corrigir os erros do mundo. É uma forma de sintonizar-se com as oportunidades *mais disponíveis* a você.

---

3 Soberano detentor de muitas riquezas que governou a Lídia, na Ásia Menor, de 560 a 546 a.C., quando esta passou a fazer parte do Império Persa.

Destino e Livre-arbítrio

O debate entre destino e livre-arbítrio é similar ao debate entre natureza e criação – ambos são assuntos vastos que não se encaixam em uma única resposta.

Será que determinamos nossas vidas pelo uso da força de vontade e estamos livres para fazer o que quisermos? Ou o destino nos dá uma mãozinha? Será que temos um destino que nasce no momento em que respiramos pela primeira vez? Prefiro pensar que a vida é uma interação entre destino e livre-arbítrio. Todos nascemos com um conjunto de blocos de montagem que é único para cada um de nós. O que decidimos fazer com isso é decisão nossa. Por outro lado, podemos atrair eventos e pessoas para nossas vidas pensando que foi por causa do destino.

Onde começa o destino? Quando os cromossomos se organizam para que tenhamos certas qualidades ou características? Alguns pensamentos espirituais argumentam que escolhemos nossas capacidades, condições sociais e relacionamentos antes mesmo de nascermos. Mas, mesmo assim, há liberdade para mudar esses acontecimentos pelo livre-arbítrio.

Como Criar uma Lei da Atração

A verdade é que não há nenhuma forma correta de criá-la. Mas seja qual for a forma que você escolheu para comunicarse com o cosmo, a lei deve encaixar-se nos seus princípios e parecer correta. Você pode meditar, escutar música, escrever seus desejos num diário ou dizê-los em voz alta como uma prece. Pode ter uma hora especial do dia ou um lugar só seu que considera ideal para a sua conexão com o cosmo. Mas você não precisa sentar em posição de lótus, acender um incenso ou se tornar um iogue. Se você sentir vontade de fazer um pedido enquanto estiver dirigindo ou empurrando um carrinho de compras no supermercado, tudo bem. O importante é que você faça de coração. Você pode até mesmo visualizar a emissão de seu pedido como se estivesse mandando uma carta ou e-mail. (Isso pode acontecer com os pensamentos não desejados que ficam rondando sua cabeça – nesse caso, simplesmente aperte o botão *delete*!)

Ordens Cósmicas Especiais

Cronometragem é algo notoriamente difícil – o universo não necessariamente realizará a entrega no mesmo dia. Mas você pode aumentar suas chances praticando a lei da atração, que é uma versão altamente concentrada do tipo padrão. Isso envolve fazer seu pedido com um grau muito maior de paixão e convicção. Em vez de pensar ociosamente "como seria bom se tal coisa acontecesse", você se envolve ativamente com o processo, 110%, de corpo e mente. Não apenas faz um pedido, mas se vê como já tendo alcançado seu objetivo ou desejo. Você se vê tendo/sendo/fazendo seu desejo no tempo presente. Estranhamente, o universo parece saber se você espera conseguir o que quer, se tem alguma suspeita de que não conseguirá, se se pergunta se realmente merece ou se não é possível de forma alguma.

Você pode escrever seu pedido quantas vezes quiser, mas sem pensar: “Esse processo todo é meio estranho. Será que a lei da atração realmente funciona?”

Eu tomei consciência das pistas não-verbais que entregam as mensagens de intenção quando me inscrevi nas aulas matinais de equitação, oferecidas pelo Miraval Spa, no Arizona. A maior parte do meu grupo não possuía nenhuma experiência anterior, mas cada um de nós recebeu um cavalo para cuidar e adestrar. Primeiramente, vimos nosso instrutor mostrar como o trabalho deveria ser feito, e seu cavalo corresponder a cada comando, e tudo nos pareceu muito fácil.

Então foi a nossa vez. Começamos limpando as patas de nossos cavalos. Entregaram-me a ferramenta para fazer o trabalho, e meu cavalo, que nunca tinha me visto antes, estava amarrado e virado na direção oposta a mim. Então como é que eu faria para pegar a pata dele? Foi aí que percebi que eu estava totalmente perdida, sem saber como fazer para que aquele animal me obedecesse. Palavras não tinham êxito algum. Mostrar-lhe a ferramenta e tocar suas pernas também não causavam resposta alguma.

Quando o instrutor voltou, disse-nos que deveríamos

nos mover em direção às pernas do cavalo com convicção, deixando de duvidar se o cavalo iria ou não cooperar. Ele pediu que imaginássemos a tarefa sendo feita e que mantivéssemos a imagem na cabeça. Os cavalos percebem todas as mensagens não-verbais, eles entendem as instruções por meio de uma linguagem corporal e não prestam atenção se você fica indeciso e age como se não soubesse o que está fazendo. E no momento que consegui manter o meu propósito com mais convicção, aquela pata subiu para ser limpa, como se fosse mágica.

Aquele episódio ensinou-me que o modo como você expressa suas intenções realmente importa. O universo, assim como o cavalo, também responde melhor às intenções expressas mais claramente do que às dúvidas. A descoberta mais importante é que para fazer com que seus desejos se realizem deve-se *agir como se* eles já tivessem sido realizados. Deve-se adotar uma postura, um estado mental e ter as respostas emocionais que combinam com a realização daquele desejo. E, já que energia atrai energia, é mais provável que você consiga receber o que pediu. Você pode esperar um serviço especial do universo se emitir pedidos especiais, sem informações desconexas ou confusas. Quanto mais comprometido estiver, mais fácil será para superar qualquer resistência que possa estar ao seu redor.

Quantas vezes você ouviu alguém dizer: "Bem, eu tive boas intenções, mas..." Se você não mantiver o resultado em mente, a energia necessária para tanto se esvairá, desaparecerá e evaporará no cosmo.

Tornando-se um Imã

Na verdade, esse título é uma designação incorreta, *por que você já é um ímã.* Sem perceber, atrai tudo para a sua vida por ser quem você é e pelo que está pensando, imaginando, falando ou fazendo. O universo o está sempre refletindo para você mesmo de forma que o que acontece espelha em como se sente, com o que se preocupa ou o quanto você tem sido positivo e otimista. Em um contexto amplo, caráter é destino. Estamos constantemente criando vibrações que atraem experiências para nós.

É muito fácil pensar que você não é responsável pelo que acontece. E em alguns casos, é claro que não é. Mas no debate entre livre-arbítrio e destino, você deve ter uma posição intermediária e ao menos estar envolvido no desdobramento de sua vida. Algumas pessoas se vêem como roteiristas e optam por inventar uma nova história, personagem ou amor. Ou podemos até achar que trata-se de um carma instantâneo – e que nossas ações plantam as sementes do que virá.

Afastando o Negativismo

É importante sempre ter em mente o que se quer, ao invés de pensar nas piores situações possíveis. Se você continuamente fixar seu pensamento na falta de algo ou de alguém, a energia retornará na forma espiral e não haverá outra saída senão devolver-lhe tudo em dobro. Você precisa querer para receber. Lembre-se: sempre que estiver preocupado, o universo entenderá que você está em fase de planejamento – portanto, pare de se preocupar imediatamente!

Também é importante aprender como *proteger-se* das vibrações negativas provenientes de outras pessoas e de toda sorte de bobagens que existem por aí. É muito fácil ficar desmotivado por causa daqueles que zombam de você ou secretamente não querem que você obtenha êxito no que almeja. Por que eles não querem que você avance? Porque assim você estará abalando gradativamente a posição em que eles estão e para a qual podem ter investido muitos esforços a fim de que suas vidas permanecessem exatamente do mesmo jeito. Se você conhece a pessoa ideal ou se torna muito mais completo e feliz, no conceito dessas pessoas você os está deixando para trás. À propósito, não leve os sentimentos deles para o lado pessoal. Isso já será uma grande proteção por si só.

Quando as Coisas Parecem Certas

Se observamos atentamente os pequenos sinais no universo, veremos alguns avisos tentando chamar a nossa atenção. Alguém que conhecemos nos emprestará um livro que nos dará dicas sobre o que queremos fazer, ou leremos um artigo "ao acaso" que nos ajudará a dar o próximo passo. Sentimo-nos bem com nossas escolhas e desejos bem no âmago de nosso ser.

Espera Ativa

Sempre é bom percebermos que na lei da atração existe algo chamado *esperar ativamente*. Isso significa que se você pretende atingir um resultado, deve estar consciente de que precisa ler os sinais, correntes, tempos e condições que lhe aparecerem pela frente.

Isso é diferente de simplesmente esperar – nesse caso, quando desiste de sua vontade e de seu poder e entrega a responsabilidade de conseguir o que deseja ao cosmo. Usar a intenção é como exercitar um músculo – é necessário ir para a academia-mental e exercitá-lo todos os dias para torná-lo mais forte.

Quando o Universo Falha na Entrega

E se você faz sua ordem cósmica e o universo não entrega o pedido certo? Ou se você não esteve disponível para assinar a entrega quando ela bateu à sua porta? Ou simplesmente se perdeu no correio? Isso significa que você nunca conseguirá o que quer? Que deve desistir porque a lei da atração não existe? Você pode começar a se perguntar se o que deseja é o certo ou ideal ou se há algo mais sinistro acontecendo. Como se no fundo sentisse que não merece ou não está pronto para tanto. O capítulo 6 lhe ensinará como desviar quaisquer bloqueios que podem impedir o seu pedido de ser entregue.

Nós Estamos Habilitados?

O problema com a lei da atração é que podemos erroneamente acreditar que estamos habilitados a conseguir o que queremos. Também podemos *estar com idéia fixa* ou *obcecados* pelo nosso desejo, não conseguindo parar de pensar nele, ou nos tornando compulsivamente apegados à idéia de estar com alguém ou de concluir nosso objetivo. Ficamos tão *presos a esse desejo* que na verdade bloqueamos o fluxo de energia e perdemos nossa habilidade de relaxar. Ficar tão obcecadamente apegado a algo ou idéia é colocar a lei da atração em reverso. Exigimos que o cosmo faça a entrega e satisfaça nosso ego como se tivéssemos o direito de ter o que quisermos. Mas não é assim que funciona.

Às vezes queremos algo, mas simplesmente não é a hora certa para que isso aconteça. É preciso se *desprender* da organização do tempo e deixar que o universo realize a entrega no seu próprio tempo. Ou talvez você tenha pedido algo e não percebeu que o universo entendeu o seu pedido e está tentando entregá-lo, mas você não consegue reconhecer porque a pessoa/emprego/casa não é como imaginou. Nesse caso, talvez suas especificidades precisem ser repensadas. Talvez seja a hora de romper antigos padrões, em se tratando de relacionamentos, e estar aberto para um tipo diferente de pessoa. O mesmo vale para mudança de carreira ou de lugar.

Há muito a ser dito sobre *relaxar* e *acreditar* que o universo fará de tudo para entregar o seu pedido cósmico, submeter à avaliação, isto é, analisar a disponibilidade e ter absoluta certeza do pedido: por exemplo, se ele estará ou não inserido no grande projeto. Estender os parâmetros de busca enfocando a qualidade a despeito da quantidade material é uma forma brilhante de conseguir que a lei da atração trabalhe para você. Se você estabelecer o foco no seu desejo de ser feliz e poderoso, em vez de almejar um Maserati vermelho, é possível que o universo possa atender ao seu pedido de alguma forma. Inevitavelmente você excluirá inúmeras possibilidades perfeitamente boas por ser extremamente exigente ou muito específico nos detalhes. Também arrisco dizer que nós talvez nem sempre saibamos o que é certo ou melhor para nós. O importante é que você seja capaz de criar essa energia magnética ou de atração e dirigi-la para coisas ou pessoas que farão com que sua vida melhore de alguma forma.

Você Não Precisa Controlar o Processo

Desenvolver confiança e atitude positiva não é tão fácil quanto parece, pois vivemos num mundo que parece operar pela necessidade de estarmos no controle. Você pode até dizer que criar uma lei da atração é uma tentativa de manter um grau de controle. Mas sempre há um misterioso fator *x* – não podemos controlar tudo em nossas vidas. Existe um processo misterioso funcionando que nos apresenta somente a algumas experiências. Essa é a interação entre destino e livre-arbítrio – falaremos sobre isso mais além. Podemos supor que o universo possui um tipo de inteligência, que há significado no que nos deparamos e que não vivemos uma vida totalmente aleatória, cheia de caos e incidentes que se cruzam sem um propósito coerente.

Por exemplo, podemos gastar um bom tempo nos perguntando como é que podemos estar com tal pessoa se ela já está com alguém. Ou como podemos ir para as ilhas Fiji se não dispomos de mais nenhum bem. Mas quanto mais nos preocupamos em tentar organizar tudo, mais estagnada a energia fica. Precisamos ser capazes de entrar no fluxo, relaxar, ter calma e deixar que o universo e sua sabedoria nos alivie dos fardos.

Não temos que resolver todos os assuntos ou tentar arduamente fazer com que as coisas funcionem. E nem precisamos bater nossas cabeças contra a parede. Podemos ter uma atitude mais zen-budista e aceitar serenamente nossa situação atual, enquanto esperamos pelo melhor e pensamos positivamente. Não precisamos tornar o que queremos numa briga de gato e rato, ou continuamente competir ou esforçar-nos tão arduamente. Se pudermos entrar no fluxo, toda nossa energia mudará. Podemos apenas focar nossa atenção na espera de resultados positivos e parar de ficar tão absorvidos e envolvidos com detalhes que nos lançam a um movimento negativo. Às vezes estamos tão enrolados nos parâmetros de um problema que ele se torna impossível de ser resolvido. Apenas podemos resolvê-lo desenvolvendo um grau de consciência que nos permite ultrapassá-lo. Diminuido o problema, ele não é mais tão importante.

Acordado e Alerta

Estar acordado e consciente é elemento crucial para se ter sucesso com a lei da atração. Se você caminha semi-acordado e não percebe realmente o que está acontecendo em sua vida, quem está nela e do que se trata, certamente será difícil para o universo fazer a entrega. Você pode estar dormindo quando o mensageiro chamar! E pode estar dormindo tão profundamente que não conseguirá registrar o que os seus sonhos têm a lhe dizer.

Não significa que somente pensar em algo positivo vá resolver completamente os problemas que estão incrustados em nossas vidas. Precisamos prestar atenção ao que somos, nas confusões em que nos metemos e entender que para que a lei da atração tenha sucesso é necessário mudarmos nossa atitude para com a vida. Em outras palavras, nem tudo é responsabilidade do cosmo. Precisamos estar pessoalmente envolvidos, atentos e prontos.

Nos próximos três capítulos enfatizarei a relação entre lei da atração, amor e relacionamentos. O amor, assim como a lei da atração, é muito difícil de ser explicado ou comprovado. Para alguns, o amor parece ser a coisa mais difícil de se encontrar na vida... Mas isso tudo está prestes a mudar.

3
O Fator Atração

Lei da Atração Para o Amor

Quem Você Está Atraindo e Por Quê?

O que faz duas pessoas ficarem juntas? É o destino ou são os feromônios? É assim tão simples quanto fazer uma escolha? É amor à primeira vista? Uma compulsão ou um impulso inconsciente? Será possível atrair alguém para sua vida através da lei da atração? Ou fazer com que uma relação melhore enviando seus desejos ao universo?

A lei da atração será apenas um mistério se não pensarmos em seu funcionamento. Se estamos prestes a ter consciência do porquê de algumas pessoas entrarem em nossa vida, como pode ser o caso, então precisamos entender o que acontece abaixo da superfície.

Precisamos descobrir o que estamos magnetizando e o que existe em nós que atrai, ou afasta, determinadas pessoas.

O PRIMEIRO PASSO É PERGUNTAR-SE:

O que estou emitindo?

O que estou recebendo?

O que liga essas duas coisas?

Continuo atraindo os mesmos tipos de pessoas?

Qual é minha ordem secreta do dia?

Gostaria de Conhecer Alguém

É fácil dizer que você *gostaria de conhecer alguém*. Mas que tipo de pessoa? O que isso significa realmente? Páginas de relacionamentos na internet ou anúncios em jornais e revistas estão repletos de pessoas que parecem querer as mesmas coisas. *Bom senso de humor* parece ser uma máxima, assim como estar *em forma*, estar *bem financeiramente* e ser *solteiro*. Mas se fosse assim tão simples e as pessoas fossem assim tão fáceis de agradar, então por que muitos consideram isso tão difícil? Raspe a superfície do seu G.D.C.A. e você encontrará um desejo totalmente diferente.

Você deseja total unicidade, abertura, união, aceitação, apoio e conexão de almas, tudo em um glorioso e resplandecente filme, com luzes piscantes e atração sexual?

Você está viciado em desejar ardentemente? Mas esse desejo é pela maravilhosa pessoa que conhecerá ou por aquela que já se foi?

Quanto mais você escoa sua energia para sonhos do futuro ou memórias do passado, menos restará para o aqui e o agora. Também pode ser muito difícil acabar com o vício de desejar ardentemente. Temos prazer em sentir que nosso relacionamento ideal no futuro, que o Sr. Certo ou a Sra. Certa virão um dia e que, enquanto isso não acontece, não precisamos lidar com um verdadeiro relacionamento.

Você se sente desapontado com intermináveis e constantes decepções?

Você, por acaso, nunca consegue se recuperar?

Você está numa relação de longo tempo, mas não consegue cumprir sua promessa?

Ou você teve uma série de decepções: um padrão conhecido de pessoas com diferentes nomes e rostos, que pareceram ser únicos, mas que acabaram por fazer parte de um assunto já característico em sua vida?

O interessante é que a similaridade entre essas "desesperanças" não estão exatamente relacionadas entre si, mas sim a você! *Você* está fazendo algo para atrair esse tipo de pessoa. Como se costuma dizer, "um é acaso, dois é coincidência, três é ação inimiga". Isso significa que algo acontece no seu inconsciente que atrai esse padrão, esse tipo de pessoa, quer você perceba ou não.

Seu Padrão de Relacionamento

Alguém já conseguiu "fisgá-lo"? Talvez nem perceba, mas em algum nível, bem lá no fundo, você sabe o que está acontecendo. Parece algo do tipo: "Lá vamos nós outra vez. Tudo isso é muito encantador e atraente, eu reconheço, a história me é familiar e eu me sinto à vontade com essa pessoa."

Certamente, se possuímos uma ligação insegura com nossos pais, tendemos a recriá-la mais tarde, porque nos parece familiar. Então nosso fator de atração funciona mais ou menos assim: "Ah, sim, essa pessoa me faz sentir inseguro(a), eu reconheço essa sensação da minha infância, essa ausência de amor me parece familiar, mas vou encarar mesmo assim." Pode parecer estranho no papel. E é claro que você pode estar ocupado convencendo-se e a seus amigos que está procurando um amor, mas no fundo é atraído pela falta de amor que você no passado.

Então, há a compulsão. Quando nos sentimos instantaneamente atraídos, o poder dos sentimentos é enorme, mas isso não necessariamente, irá gerar um relacionamento positivo. Entre os sintomas da compulsão está a falta de liberdade em suas *escolhas*. Até mesmo possuir um "tipo específico" implica na existência de um tipo de chamariz ou padrão que opera sem que você tenha realmente decidido ou escolhido por ele.

Desvencilhar-se exige que você diga "não" para o habitual e considere o que realmente quer ou precisa, para tornar-se consciente. Dê a si mesmo um espaço para examinar o impulso antes de fazer a escolha. O que é isso? Um agrupamento de energia de desejo? Ou um antigo padrão de energia composto por desejo e compulsão? Essa reação química instantânea pode ser uma boa informação de que existe uma possibilidade para você – ou que pode ser um gancho que devasta sua bioquímica do mesmo jeito que um vício faria. O segredo é ser seletivo ao mesmo tempo em que permanece aberto a novas experiências

Mensagem Confusa!

Precisamos entender o efeito que nossos pais nos causaram. A idéia de Freud e Jung sobre neurose é calcada no que nos aconteceu no início de nossas vidas. Mesmo sentindo que você teve uma infância "normal", "ideal" ou "difícil", esse sentimento tem muito a dizer sobre a imagem potencial de nossos pais que carregamos dentro de nossa psique.

Mesmo que nossos pais tenham morrido há tempos, ou não nos sintamos próximos a eles, ainda nos apegamos às suas mensagens. Eles têm papel fundamental na criação dos nossos mitos de amor e mensagens, e em nosso ideal de amor. A família é o primeiro lugar onde exercitamos nossas relações humanas.

Quaisquer que sejam as mensagens sobre amor que percebemos são impostas na infância e formam nosso *fator de atração pessoal*. Podemos permanecer agarrados a essas idéias e continuarmos perfeitamente felizes com isso, mas se quisermos, podemos realmente mudar essa situação. O primeiro passo é ter consciência do que ele é. Precisamos encontrar quem está lá, dentro de nós mesmos, dizendo-nos o que pensar, como nos comportar e o que queremos. Precisamos saber que as mensagens dos nossos pais estão implantadas nas relações atuais ou na busca por uma.

As similaridades, linhas e padrões que você vem repetindo em cada relação não têm nada a ver com a relação em si – têm a ver apenas com você. Suas escolhas, seu magnetismo pessoal, seu comportamento e suas impressões inconscientes.

Questionário

Você deve responder o questionário a seguir, baseando suas respostas nas impressões sobre o que acontece ou aconteceu no relacionamento com seus pais. É o seu ponto de vista que interessa. Não importa se seus irmãos ou irmãs concordam ou se você não tem certeza do que sua mãe diria sobre ela mesma. A percepção importante a ser atingida com esse exercício é a de como você vê seus pais, qual a mensagem que eles deixaram e como a relação deles influenciou a sua maneira de ser.

☑ Que mensagens sua mãe lhe passou sobre o amor?

☑ Que mensagens seu pai lhe passou sobre o amor?

☑ Elas se adaptaram aos tempos?

☑ Seus pais foram contra os padrões estabelecidos na época em que eles mesmos conheceram o amor?

☑ Eles seguiram seus próprios corações?

☑ Eles sempre fizeram "o que era certo"?

☑ Como você descreveria a relação de seus pais?

☑ Sua mãe cresceu como ser humano na relação que teve?

☑ Seu pai cresceu como ser humano na relação que teve?

☑ Sua mãe se sentiu desapontada na relação? Se sim, por quê?

☑ Seu pai se sentiu desapontado na relação? Se sim, por quê?

☑ Seus pais sobreviveram a tempos difíceis? Se sim, como?

☑ O que cada um deles pensava acerca do amor?

☑ O que cada um deles pensava sobre casamento?

☑ O que cada um deles pensava sobre sexo?

☑ Será que alguma qualidade que você atrai ou procura num parceiro espelha aquelas que um de seus pais tem? (Seja honesto nesse ponto – às vezes ficamos atraídos por qualidades que não necessariamente gostamos, mas que repetem algo que vivemos anteriormente).

☑ O que seus pais esperam para você? O que eles desejam para você?

☑ **E aqui vai a pergunta-chave: você concorda com as mensagens deles? Pense se você os está deixando de lado ou se ainda há uma voz interior que julga parceiros em potencial de acordo com os valores de seus pais. Ou se você conduz as relações de forma que os espelha.**

REVISÃO

Absorva todas essas informações. Elas lhe fornecem alguma luz sobre que direção tomar? Ou sobre os ingredientes que compõem o seu fator atração?

Agora já é possível ver a sua contribuição nessa mescla de opiniões.

Qual é seu Estilo de Amor?

☑ Como você se aproxima das pessoas?

☑ Em relacionamentos amorosos: você é assertivo, conciliador, sensível, lógico, prático, dinâmico?

☑ Em relacionamentos profissionais: você é assertivo, conciliador, sensível, lógico, prático, dinâmico?

☑ Se você precisasse fazer uma escolha, preferiria ter paixão ou amizade?

☑ Na sua vida amorosa, você gosta de ser dependente ou independente?

REVISÃO

Analise-se como se estivesse do lado de fora de si, ou procure um amigo e peça a ele que responda o questionário em seu lugar, a partir da percepção que tem de você.

Se Você Estiver Procurando por Alguém

Qual o seu Tipo de Parceiro(a)?

☑ O que há na sua lista de desejos? Qual o seu ideal?

☑ O que é não-negociável?

☑ Você está aberto para que tipo de experiência?

☑ Que tipo de relação você está procurando: casamento, parceria, amizade?

☑ Identifique os assuntos específicos que você avalia num possível parceiro(a):

- Idade, aparência, trabalho, renda, localização
- Suas qualidades
- Seus interesses
- O que a pessoa gosta ou não gosta
- Seu histórico de relacionamentos

☑ E agora coloque os assuntos específicos que dizem respeito a você, como se estivesse se inscrevendo em uma agência de relacionamentos:

- Suas qualidades
- Seus interesses
- O que você gosta ou não gosta
- Seu histórico de relacionamentos

Questões Mais Íntimas

☑ O que você ama na vida?

☑ Pelo que você se sente atraído? Faça uma lista de lugares, objetos, tipos de pessoas, idéias e vibrações.

☑ Você se sente atraído por pessoas difíceis?

☑ Você é atraído por pessoas que podem ser consideradas perigosas para você?

☑ O que você imagina que essa pessoa possa fazer por você? Como ela fará com que você se sinta? Que impacto ela terá em sua vida?

Se Você já Estiver se Relacionando com Alguém

☑ Como você se sente em companhia dessa pessoa?

☑ Você se sente melhor quando está com outras pessoas ou quando está com seu/sua parceiro(a)?

☑ O que você mudaria em seu/sua parceiro?

☑ O que você mudaria em você mesmo?

☑ O que você quer dessa pessoa?

☑ O que ela lhe dá?

☑ O que ela não lhe dá?

☑ Por que você quer essa pessoa em sua vida?

☑ Qual seria o maior problema em seu relacionamento?

☑ O que você deseja para o seu relacionamento?

Seu Histórico de Relacionamento

Faça uma lista dos relacionamentos mais significativos de sua vida. Isso não serve para determinar o tempo que eles duraram, mas o impacto que eles causaram em você. Escreva como cada um deles começou, como você se sentia no começo, e, se esse sentimento mudou, o porquê. Escreva o que você esperou de cada um desses relacionamentos, como terminaram e o que obteve dele como lição de vida e experiências. Indique se você ainda sente que tem algo inacabado com seus antigos parceiros. Se houver, vá até a seção "Desvencilhando-se de relacionamentos passados" (na página 126).

Quando Ser Específico e Quando Seguir o Fluxo: A Contradição que é o Mistério da Vida

Se você estiver procurando por um novo relacionamento, será útil ser bem claro sobre o tipo de pessoa que você quer para sua vida. Você pode, obviamente, escrever uma lista de características: por exemplo, alto, musculoso, parecido com o Brad Pitt, entre 30 e 35 anos de idade, rico, descompromissado, bem-sucedido etc. Às vezes é correto ser específico.

Tome como exemplo a piada do marido e da esposa, ambos de 60 anos, a quem foram concedidos um pedido a cada um por suas respectivas fadas-madrinhas A mulher pede para ser enviada a um cruzeiro ao redor do mundo com seu querido marido e tem seu pedido realizado. Chegada a vez do marido, ele pede por uma mulher 30 anos mais jovem. A fada-madrinha gira sua vara de condão e de repente o homem se vê sentado no convés de um transatlântico, com 90 anos, e sua mulher de 60 sentada ao seu lado!

É bom ser específico, se for para esclarecer quaisquer resistências ou confusões em sua mente. Às vezes é útil imaginar-se vivenciando qualquer lei da atração. Você a vê tornando-se real e, em alguns casos, imediatamente perceberá que seu plano "perfeito" possui algumas falhas, que na verdade você pode não querer estar com a pessoa que idealizou, ou que pode trazer à tona tantos outros problemas. O ditado "tome cuidado com o que você deseja" é muito apropriado. Você precisa ter certeza de que está pronto, com vontade e apto a vivenciar a realização de um sonho que se tornou real.

Namoro *Online* ou Namoro Rápido

Agências de matrimônio ou páginas de relacionamento tendem a dar mais enfoque ao mundo visível do que ao mundo invisível. Isso significa que seus padrões, vícios e agendas secretas passarão despercebidos – ou melhor, até que eles venham à tona num encontro. O namoro *online*, em particular, tem o aspecto de realidade virtual. Pode reduzir as pessoas a mercadorias, como livros ou CDs. Isso automaticamente coloca sua mente e sua energia em uma zona de relacionamento diferente. Se você dá um *download* em alguém na internet e o coloca em seu carrinho de compras, não será capaz de perceber suas energias da mesma forma que perceberia se os tivesse encontrado na vida real.

Em alguns casos, as pessoas se conhecem, ficam extremamente felizes com seu/sua parceiro(a) virtual e se casam. A internet também pode fazer com que você continue, se você é do tipo receptivo, ao invés do tipo dinâmico que precisa fazer a bola rolar. Mas vale a pena estar consciente de que, por sua própria natureza, a internet cria diferentes energias vibracionais, que podem interferir no seu radar intuitivo.

Pelo menos o namoro rápido lhe dá a chance de ver a pessoa e perceber se você tem a mesma energia que ela. Como no mundo "real", pode-se argumentar que as pessoas tendem a revelar-se nos primeiros cinco minutos. Diz-se que se você vai a uma entrevista ou visita uma propriedade, a decisão definitiva é tomada nos cinco primeiros minutos, mesmo que você passe meia hora discutindo sobre seu currículo profissional ou sobre o encanamento.

Portanto, o namoro rápido pode valer a pena. Talvez tudo que precisemos saber esteja nesses cinco primeiros minutos que repartimos com alguém antes que esse inicie uma conversação com outra pessoa. Nesses poucos minutos podemos estar mais conscientes sobre o que as pessoas falam e como isso soa. Podemos sentir, em sua presença, muito mais do que se tivéssemos passado algumas horas com elas. O namoro rápido realmente faz com que seu sistema de energia e escuta trabalhem com mais acuidade. Mas mesmo que você não esteja num namoro rápido, deve ver todo mundo como se estivesse. Porque se suas antenas estão ligadas, você verá que todos revelam muito sobre si mesmos sem perceber. Sobre o que eles estão falando? O que estão dizendo com sua linguagem corporal? Como eles fazem com que você se sinta?

4
Qual é o Seu Tipo?

Tipos de Relacionamentos – O que Atraímos

Utilizamos a lei da atração para ajudar a nos trazer um tipo específico de pessoa para nossas vidas. Por outro lado, podemos utilizá-la para quebrar um padrão de relacionamento. A lei da ressonância nos permite atrair apenas aqueles que espelham o nosso eu interior. Aparentemente, podemos dizer que estamos procurando por *x*, mas que sempre conseguimos *y* e não entendemos porque estamos novamente com alguém que tem medo de assumir um compromisso ou que é um controlador obsessivo.

Como isso acontece? Para começar, somos bombardeados com informações disponíveis e visíveis sobre alguém, o que dificulta nossa percepção dos padrões psicológicos que atraímos. Ainda assim, se começarmos a observar nossos próprios padrões, identificando-os e entendendo de onde eles vêm e o que significam, teremos como escolher aonde ir com eles.

Não se esqueça: o padrão origina-se em nós. Estamos fazendo algo para atrair esse tipo de pessoa: emitindo uma mensagem em particular ou internamente acreditando que algo em nós é emitido ao universo como um míssil que procura corações. Estamos enviando ordens cósmicas a todo instante, mesmo sem percebermos. O segredo é ter consciência delas.

Sabemos com muita certeza quando alguém "não faz o nosso tipo", quando essa pessoa não marca as mesmas alternativas no questionário. Mesmo assim, são essas alternativas psicológicas interiores que precisam ser exploradas. Nossos tipos e padrões funcionam como ímãs: às vezes, ironicamente, nos atraem para o lado oposto de onde, conscientemente, queremos ir. É quando encontramos casais do tipo "água e óleo" que, mesmo tão diferentes, permanecem juntos. Também existem os tipos doador-e-recebedor e paternal-e-filial que ocupam-se em combinar seus papéis – igualmente alimentando-se e precisando um do outro. Os tipos comprometido-e-espírito-livre geralmente puxam o ímã para direções opostas, o que faz com que gerem uma atração magnética entre eles.

A seguir, tratarei de alguns tipos de relações específicas que nos mantêm num padrão familiar. Não há nada de errado com esses padrões se você estiver contente nessa situação. Mas se você reconhecer a si mesmo e sua relação em alguns desses cenários e sentir necessidade de libertar do ciclo, precisa fazer algo para mudar. Consciência faz uma grande diferença na lei da atração. Uma vez que você tenha verdadeiramente entendido o que está acontecendo em relação aos seus padrões, sabendo o que realmente quer, então a lei da atração terá maior poder de intenção.

Doador e Recebedor

O Doador

É aquele que constantemente acomoda a outra pessoa. Você descobre que ele está sempre pronto a largar tudo a qualquer hora a fim de encaixar-se nos planos do outro.

Os doadores sempre aparecem na hora certa. Eles automaticamente acham que é trabalho deles recolher as toalhas de banho, arrumar as camas e chegar em casa com pães fresquinhos. Doadores sempre se lembram dos aniversários, compram presentes, escrevem mensagens de agradecimento e, geralmente, esforçam-se para agradar. São os *agradadores* de pessoas. O que não significa que sejam inteiramente altruístas, já que conseguem o que querem pelo simples fato de se doarem aos outros. Em casos extremos, sentem-se martirizados, o que também empresta a eles um perverso sentimento de sentir-se bem. São compelidos a serem "bonzinhos".

É difícil ter uma relação de igualdade com um doador compulsivo porque a outra pessoa sempre sente que está devendo alguma coisa a ele. Em alguns casos, doar-se pode secretamente conter um fator de controle.

A Recompensa

É ótimo ser o bonzinho da relação. Você ocupa a posição moral mais elevada para que, em contraste, as falhas de seu parceiro pareçam muito maiores em relação as suas.

Qual é o Padrão?

Doadores geralmente nascem em famílias onde suas vontades próprias não são respeitadas. Daí a necessidade de respeitar os desejos dos outros para psicologicamente quebrar o padrão. Embora os doadores sintam-se recompensados pelo sentimento de santidade, eles freqüentemente têm a sensação familiar de que suas necessidades não foram respeitadas. O padrão está então confirmado. Eles tendem a atrair recebedores em função de sua necessidade de carência.

COMO IDENTIFICAR UM DOADOR

- Sempre pronto a atender o telefone
- Evita conflitos
- É bom ouvinte
- Para ele o outro está sempre em primeiro lugar
- Sempre deixa que a outra pessoa faça as escolhas
- Tenta suavizar a vida e o caminho do outro

O Recebedor

Os recebedores possuem um grande senso de merecimento. Sua crença interior é que o mundo e todos que estão nele lhe devem alguma coisa. Recebedores ficam felizes quando outras pessoas lhes buscam em qualquer lugar, quando alguém lhes prepara o café-da-manhã, enquanto permanecem deitados na cama, e quando usam toda a água quente do chuveiro sem se dar conta de quem vem depois. Eles não sentem a necessidade de enviar mensagens de agradecimento ou de amizade. No pior dos extremos, nem se interessam pela vida dos outros.

Conversas com recebedores giram em torno deles mesmos e tendem a dominar a atmosfera com suas opiniões e seus humores. Os outros aparecem como coadjuvantes de um cenário criado só para o recebedor. Os recebedores nunca pensam que as pessoas podem estar cansadas, chateadas, com fome, querendo falar sobre outra coisa, porque essas vontades são vistas como satélites do mundo centralizado de um recebedor.

É claro que os recebedores não verbalizam isso, mas seu esquema psicológico é narcisista. Qualquer planejamento é feito para agradá-los. Quando um recebedor quer marcar um encontro com você, ele primeiro consulta a agenda e estabelece o encontro segundo a disponibilidade dele, com a suposição inata de que você é que deve se encaixar na agenda dele.

A Recompensa

Não é preciso fazer muitos comentários. Geralmente os desejos dos recebedores são respeitados; eles fazem o que querem. Têm relacionamentos de acordo com seus próprios termos.

Qual é o Padrão?

A mentalidade dos recebedores pode ser desenvolvida como a síndrome do filho único, em que a criança é o centro das atenções e sequer admite crescer. Da mesma forma, recebedores podem nascer em grandes famílias e costumam induzir seus irmãos e irmãs a fazerem o que eles querem.

As pessoas geralmente se rendem a eles, porque os recebedores tendem a ser perturbadores ou costumam criar tanta confusão que os outros simplesmente decidem que não vale a pena lutar contra eles. Na verdade, recebedores são, em geral, inseguros e no fundo não têm noção de seu próprio centro.

Só se sentem vivos quando os outros lhes dão atenção e freqüentemente atraem doadores.

COMO IDENTIFICAR UM RECEBEDOR

- Sempre assume a atitude de "primeiro eu"
- Fala constantemente sobre si mesmo
- Não aprecia o que lhe é dado
- Faz suposições sobre a outra pessoa
- Tem grandes expectativas quanto a outra pessoa

As variações de doadores e recebedores

Líder e Seguidor

Na relação líder e seguidor apenas uma pessoa decide o caminho e toma a maior parte das decisões, enquanto a outra está sempre pronta a deixar seu emprego e a mudar de cidade para que os dois fiquem juntos. O seguidor está sempre brincando de pega-pega, enquanto o líder constantemente decide partir em busca de novos horizontes.

Amante e Amado

Aqui há sempre um caráter de perseguição, com o amante disparando flechas de desejos em direção ao amado. O que está na posição de amado mantém um jogo de mistério que assegura o interesse do amante. Isso intriga os que gostam de desafios, já que ser o objeto de desejo satisfaz o ego.

O Comprometido e o de Espírito-livre

O Comprometido

O tipo comprometido possui uma necessidade enorme de estabelecer-se, sentir-se seguro e saber onde está. É inerentemente leal, nunca olha para trás para ver se alguém mais interessante entrou na sala. O comprometido vê o relacionamento como se ele se desdobrasse em estágios progressivos e culminasse em casamento. O tipo comprometido está preparado para compreender tudo, incluindo famílias e filhos de relacionamentos passados. Carrega bagagem excessiva. Nem é preciso dizer que o tipo comprometido procura um relacionamento duradouro. Ele planeja anos à frente e desenvolve rituais dentro da relação, o que para ele significa reforçar laços.

A Recompensa

O tipo comprometido conhece a posição onde deve ficar num relacionamento, formando uma estrutura ao redor da relação. Ele prospera em estabilidade.

Qual é o Padrão?

Os comprometidos incluem-se em duas categorias. A primeira origina-se de famílias onde os pais são extremamente unidos e o padrão é, segundo os psicólogos, de "emaranhados". Em outras palavras, a família é interdependente e funciona como uma entidade completa. Assim, espera-se que qualquer novo relacionamento se encaixe no núcleo da família. A segunda categoria origina-se de um cenário totalmente oposto. A família se desintegrou como unidade, e o tipo comprometido está determinado a moldar sua vida na forma de uma relação sólida. De qualquer forma, o comprometido procura por alguém que se comprometa a preencher seus sonhos de estabilidade.

COMO IDENTIFICAR UM TIPO COMPROMETIDO

- Fala da relação de um jeito positivo
- Considera que a relação ocupa um lugar central no contexto mais amplo de sua vida
- Está disponível para a outra pessoa
- Não tem medo de falar sobre o futuro
- Não admite joguinhos que mantenham a outra pessoa oscilante

O de Espírito-livre

As pessoas de espírito-livre seguem uma lei própria em se tratando de relacionamentos. Geralmente são atraídas por uma ampla variedade de pessoas ao invés de possuirem um tipo específico. Os de espírito-livre não vêem nenhum problema em manter relacionamentos simultâneos já que sentem que ninguém os possui. Desprezam a posse e justificam sua atitude descomprometida como uma resposta inteligente e pós-moderna. Provavelmente dirão que não precisam de um pedaço de papael para "se sentirem casados".

O tipo de espírito-livre resiste às convenções e sempre se deixa levar pelo relacionamento, em vez de guiá-lo na direção que o leve a um comprometimento maior. O medo da intimidade denota que esse tipo freqüentemente evita viver como um casal comum, e se sente mais confortável quando a relação é diluída na companhia de outros.

A Recompensa

O tipo de espírito-livre mantém-se aberto a opções, permitindo ter um agrupamento maior de pessoas para relacionar-se. Está desimpedido dos laços convencionais – e mesmo que esteja em um relacionamento, permanece espírito-livre.

Qual é o Padrão?

O tipo espírito-livre tende a ser namorador serial. Não consegue levar uma relação além dos estágios iniciais de empolgação, uma vez que, ao finalizar a fase da luxúria e das faíscas, ele teme ficar entediado.

Fobias por comprometimento geralmente são criadas por danos na infância. Aparentemente a família pode parecer muito próxima, mas geralmente um dos pais tratou a criança como uma celebridade e a transformou num pequeno príncipe ou princesa. Nesse caso, o tipo espírito-livre foi tão sufocado por um dos pais que no fundo ele sente que não pode ser desleal ao papai ou à mamãe.

Alguns deles vêm de famílias não-convencionais, em que gerações passadas desafiaram as convenções estabelecidas. Possuem suas próprias razões para não querer repetir os antigos padrões familiares e, portanto, tentam se proteger mantendo-se livres.

COMO IDENTIFICAR UM ESPÍRITO-LIVRE

- Sempre fala "eu" e nunca "nós"
- É independente para fazer planos que nunca envolvem a outra pessoa
- Desaparece nas festas e deixa a impressão de que está disponível, mesmo quando mantém um relacionamento
- Tem uma personalidade incansável e altamente sociável, e gosta de agir espontaneamente
- Detesta rotinas e fica facilmente entediado

Paternal e Filial

O Tipo Paternal

O tipo paternal freqüentemente adota uma atitude ligeiramente repreensiva e protetora em relação ao seu parceiro, como se fosse o dono da verdade. Ele geralmente ganha mais dinheiro do que seu parceiro e coloca-se no papel do provedor dos bens. O paternal é controlador e sempre acha que sabe o que é melhor. Os tipos paternais costumam ditar as regras do relacionamento e estabelecer o compasso da marcha.

A Recompensa

Os paternais sentem-se seguros quando estão no controle. O desequilíbrio na relação os faz sentirem-se superiores.

Qual é o Padrão?

Geralmente os paternais são filhos mais velhos acostumados a dar ordens aos irmãos ou a fingir que são seus pais. Tipos paternais normalmente receberam muitas responsabilidades quando mais novos e sentem-se muito mais velhos do que mostra sua idade real. Eles precisam cuidar de outras pessoas, mas não do mesmo modo que o doador, porque a mensagem implícita é que a doação acontece de modo estrito nos termos dos tipos paternais e não dos doadores. Às vezes o tipo paternal tenta recuperar o equilíbrio de uma infância caótica, achando que seus pais não cuidaram dele o suficiente.

Ao assumir o papel de forte e poderoso, o tipo paternal espera garantir que nunca se sentirá inútil ou vulnerável.

COMO IDENTIFICAR UM TIPO PATERNAL

- Sente-se mais feliz quando faz algo pelos outros
- É dogmático e seguro de suas idéias
- Organiza e administra feriados, eventos sociais, compras de imóveis
- Oferece conselhos não solicitados
- Apegado a sua posição ou papel no mundo
- Assume responsabilidades

O Tipo Filial

Esse tipo não quer crescer nem assumir responsabilidades na vida. Ele se vê como um jovem em desenvolvimento, e, de algum modo, frágil e incapaz de conseguir uma vida decente. Tende a ser levado por planos e sonhos futuros que geralmente tornam-se impraticáveis, acabando por perder interesse por eles. O tipo filial é carente. Quer que os outros o ajudem, o sustentem e o informem, nunca fazendo nada por si mesmo, se houver alguém que faça por ele.

O tipo filial costuma se safar das coisas, pois projeta uma imagem de vulnerabilidade. No fundo, ele se considera especial demais para ter que lidar com as coisas ordinárias e mundanas do mundo dos adultos. Nunca fará um trabalho "chato" ou entrará numa relação que exija "esforço".

A Recompensa

Em geral, os adultos "infantis" são estranhamente atraentes – especialmente para o tipo paternal, que quer cuidar deles. A "criança" ganha presentes, é levada para diversos lugares e é sempre favorecida.

Qual é o Padrão?

Tipos filiais geralmente vêm de famílias que nunca encorajam seus filhos a crescer. Talvez a mãe tenha exagerado nos cuidados com a criança, suprindo sua própria necessidade. Ao procurar por um relacionamento, o tipo filial constantemente opta por uma figura paterna ou materna, reproduzindo sua vida na infância. Esse tipo costuma encorajar a outra pessoa a ajudá-lo ou a tomar conta dele, despejando seus problemas pessoais ou assumindo os fracassos financeiros. Tipos filiais geralmente apresentam-se como donzelas angustiadas, pessoas com a cabeça nas nuvens ou como alguém que nunca sentiu-se inteiro em seu um relacionamento. O tipo filial atrai cavaleiros em armaduras brilhantes ou "queridas mamães" para seus mundos de cuidados.

COMO IDENTIFICAR UM TIPO FILIAL

- Fica feliz ao ganhar presentes
- Não sabe o que quer fazer
- Parece precisar de ajuda/conselho/apoio
- Deixa que os outros tomem o controle e façam planos para ele
- Não possui planos para o futuro além o de ser cuidado por alguém

O Relacionamento Entre Duas Metades

Esse tipo de relacionamento é caracterizado por duas pessoas que se vêem como iguais, não importando suas posições, salários, idades ou experiências. Elas são capazes de trocar de papel na relação de acordo com a necessidade do momento, já que se vêem principalmente como uma unidade, em que a manutenção da qualidade do relacionamento precede suas preferências individuais. Embora funcionem como duas partes de um todo, cada uma é perfeitamente capaz de agir como um indivíduo com seus próprios direitos.

5

Padrões e Bloqueios

Como Impedimos que uma Ordem Cósmica Seja Entregue

A Negação e as Defesas que Cercam seu Coração

O Tipo "Eu Nunca Conheço Ninguém"

Extraordinariamente, dados os *x* bilhões de pessoas que existem no mundo, uma das frases mais comumente repetidas por quem procura um relacionamento é que "nunca conhecem ninguém". O que realmente acontece? Essas pessoas normalmente levam vidas ocupadas, possuem trabalhos que as colocam em contato com muita gente, têm acesso à internet, viajam e possuem um número extenso de amigos.

Aquele que afirma que nunca conhece ninguém quer dizer que não conhece "o alguém". De fato, essa pessoa se depara com muitas outras, mas nenhuma é "satisfatória". Talvez seja uma forma de se esquivar das possibilidades de uma relaçã. Ou talvez destruir a oportunidade de conhecer a pessoa com quem poderiam formar uma aliança feliz, sem perceber conscientemente que estão fazendo isso.

O engraçado dos mecanismos de defesa é que ninguém acha que os têm. Eles operam em segredo e sequer percebemos que existem. Eles podem realizar um importante trabalho, mas também atrapalham o caminho, como seguranças de casas noturnas. Obviamente precisamos de defesas para garantir nossa segurança física. Mas quando se trata de nossa vida emocional, temos de nos defender da ansiedade. Quebrar os moldes e partir para uma mudança drástica (tal como envolver-se num relacionamento novo) pode ser estressante. Assim, não é de se duvidar que seja mais fácil manter os canais de proteção fechados e fingir que não tem nada a ver conosco, que apenas ainda não conhecemos a pessoa certa.

As defesas devem ser manuseadas com cuidado. Não devemos arrancá-las, tornando-nos vulneráveis e expostos. Precisamos agir com cuidado e perceber que elas existem por um motivo: o de nos fazer seguir em frente. Sem elas imaginamos que poderíamos partir em pedaços e que seríamos atirados a uma mudança altamente desconfortável. É claro que tudo isso acontece nas nossas cabeças automaticamente. Não temos consciência de que estamos sendo defendidos. É o nosso alerta invisível de "mantenha distância".

Quando ouço alguém dizer "eu nunca conheço ninguém", observo que essa pessoa, na verdade, está utilizando a frase como uma armadura. Geralmente há um sentimento de irritação acompanhando a frase, porque a pessoa acredita que *está* procurando ativamente por um relacionamento. Mas o que leio nas entrelinhas é: "Sinto-me preso e bloqueado na minha busca por uma alma gêmea. Estou quase desistindo e sentindo-me sem esperanças. Não sou *eu*, são *as outras pessoas."* (Mesmo sem saber quem são, pois nunca as conheci!) A crença implícita é que a alma gêmea está se escondendo dessa pessoa de propósito, apesar de seus esforços – e é esse o motivo de sentirem-se irritadas e frustradas.

"Eu nunca conheço ninguém" é uma frase com ponto final. É a triste confirmação de um fato. Uma reflexão negativa. **Imagine como o universo ouve essa frase!** Não há nenhuma luz nem otimismo acompanhando esse pensamento. Não há possibilidade de mudança e não há espaço para conhecer alguém. É um mantra que se executa sozinho.

Esse tipo de pessoa geralmente terá uma resposta pronta para justificar uma atitude não tomada. Quanto mais sugestões você der, mais indícios de irritação aparecerão em sua voz. "Já tentei isso!", poderá dizer, ou dará alguma outra razão do porquê de ainda não ter feito a aula de dança, ou dirá que alguém mais jovem nunca ficaria interessado em você. Mesmo quando ouve histórias de relacionamentos incríveis de outras pessoas, rapidamente dirá: "Isso nunca acontecerá comigo".

Se uma pessoa raspar a superfície do tipo "nunca conheço ninguém", rapidamente verá que fez muitos investimentos para que as coisas permanecessem como sempre estiveram, encaixadas. Logicamente isso já está tão enraizado que se alguém se atrever a simplesmente apontá-lo, ele ficará magoado, defensivo e irritado.

Quanto mais esses sentimentos difíceis rodeiam o interior de uma pessoa, mais eles vêm à tona. Você pode acreditar que está aberto para conhecer alguém e está apenas esperando conhecer o Sr. Certo ou a Sra. Certa. Pode até continuar esforçando-se para aparecer nos eventos, para ficar bonito, conversar com as pessoas, mas aquele seu lado "eu nunca conheço ninguém" está, na verdade, comandando o espetáculo. Você precisa substituir esse mantra por outro mais positivo.

Para ir adiante, a parte do seu ser, que não quer quebrar com os padrões, precisa ser neutralizada. Consciência é tudo – deve-se ser claro com o que se quer fazer.

Você pode começar ouvindo-se a si mesmo dizendo que nunca conhece ninguém – pegue você no flagra! Esse é o primeiro passo em direção a sua reprogramação. O ar resignado que acompanha a frase indica um longo problema, profundamente enraizado. "Eu nunca conheço ninguém" é um irritado, suplicante e melancólico desejo por contato, pelo medo de rejeição e de que o mundo/universo seja um lugar ruim que nunca respeita suas necessidades. Que a pessoa está fugindo de você – antes mesmo de se conhecerem! Essa frase pode descrever muitas características de seu padrão. Tudo está contido dentro nessa afirmação. Sua impaciência, frustração e medo estão presentes no momento em que você faz confidências a um amigo, que sente a tensão proveniente de sua fala – e percebe o terror contido nela. Isso pode incitar uma reação nele – a necessidade de melhorar – a qual, inevitavelmente, encontrará repulsa.

O tipo "eu nunca conheço ninguém" vê o universo como um pai que rejeita um filho, e a si mesmo como uma criança sem poder algum para mudar seu *status quo*. Ao mesmo tempo, ele se pergunta o que estaria fazendo de errado. Ele pode se esforçar ao máximo para fazer as coisas certas, mas sua própria imagem ou a percepção que tem de si mesmo, como uma criança diante de um universo injusto/controlador/rejeitador, impede que qualquer coisa nova aconteça.

Falar sem Acreditar

Você precisa se tornar consciente de sua própria resistência. Para aqueles que dizem "eu quero conhecer alguém" pergunte o porquê de nada acontecer. Pergunte a si mesmo o que está bloqueando ou impedindo que isso aconteça.

Sua Secreta Ordem do Dia

Você acredita que é uma pessoa aberta a conhecer alguém. No entanto, mesmo que diga "alguém", não se trata de qualquer um. Tem que ser o Sr. Certo ou a Sra. Certa, que aparente ser *x*, ganhar *y* e ter as qualidades de *z*. São sempre os detalhes que atrapalham. Se você está procurando pelo parceiro ou parceira dos sonhos, é exatamente assim que ele ou ela permanecerá: um sonho. Você precisa procurar por seu parceiro ou parceira *real*.

Inconscientemente, certas pessoas buscam alguém poderoso e rico, acreditando que acabará com tudo aquilo que o deixa inseguro. Geralmente, no caso das mulheres, essas são atraídas somente pelo macho alfa e, mesmo que tenham sofrido decepções no passado, esse tipo permanece no seu subconsciente. Não há nada de errado em procurar por um parceiro bem-sucedido. No entanto, já que o macho alfa é guiado pelo sucesso, ele raramente terá tempo disponível para outras áreas, o que significa que geralmente encontra-se indisponível emocionalmente.

Você pode vir de uma família em que seus pais tiveram ou têm um casamento maravilhoso que fica difícil imitá-los. Por outro lado, você pode se sentir atraído somente por aqueles que lhe desapontam ou não conseguem se comprometer, porque isso espelha algo da relação de seus pais.

> Estar consciente de seu desejo secreto é fundamental. Dar-se conta que ocultou expectativas e que isso está lhe deixando inerte é um fator crucial que fará com que a lei da atração trabalhe para você.

Será o mundo um lugar injusto? Sim, nós nem sempre conseguimos o que queremos. Mas também temos nossa colaboração na criação das injustiças e na formação dos nossos padrões. A resistência que nós mesmos criamos obtém êxito em função de algo de dentro de nós que diz: "Não, isso é muito assustador." Você cria, assim, o seu próprio impasse. Acha quc não pode fazer nada, mas de fato está impedindo que algo aconteça. Está preso num estranho emaranhado, em que quanto mais deseja, mais as forças contrárias agem.

Então Você Quer Ter um Relacionamento – A Resistência Está Impedindo Você?

O Que é Resistência?

Resistência é qualquer coisa que nos bloqueia internamente. Ela revela o medo que temos de nos atirar ao desconhecido.

Como você sabe quando ela está operando? Sempre que você se sente preso ou sem poder – essa é uma ótima pista para saber que existe a resistência. Quando você tem um problema, há uma parte de você que não quer encontrar a solução.

Quais são os outros sintomas de resistência? Sentir um branco e não conseguir definir o que quer fazer, ou sentir-se confuso quanto ao seu próximo passo. A neblina mental é algo que você cria para que não precise tomar decisões.

Por que nos sentimos impedidos de prosseguir? Geralmente existe uma recompensa oculta em permanecer parado. Parece ser mais seguro permanecer onde estamos, mesmo que desejamos uma mudança. A resistência cumpre um papel importante ao cuidar de nós. Ela nos afasta de problemas difíceis e nos protege exatamente das coisas que nos assustam. Se afirmamos querer um relacionamento, mas no fundo temos medo da intimidade, então a resistência aparecerá e nos protegerá da ameaça percebida. É realmente um processo invisível e você deve estar preparado para ser extremamente honesto consigo mesmo para conseguir enxergá-lo. Raramente alguém terá medo da intimidade. Mal conseguimos admitir isso a nós mesmos. Se não queremos ver, tomar consciência ou sequer perceber esse medo, então ele será soterrado e transformado em força diretiva de uma resistência que age como força contrária quando queremos conhecer alguém. O instinto natural poderá ser o de lutar contra a resistência. Tentar impedi-la, removê-la de uma só vez. Mas isso nos deixaria muito expostos. Não é tão simples assim e precisamos reconhecer nossa necessidade de proteção. O primeiro passo é, na verdade, abraçar a resistência: permiti-la, reconhecê-la e saber por que ela está lá. Perceber que ela é útil de algum modo, mas está nos prendendo ao mesmo tempo. Não podemos apenas dizer: "Agora eu simplesmente vou deixar de ser resistente."

É necessário perceber como ela aparece para agir, que situações a tornam ativa. Ver que botões estão sendo ativados para que a resistência se apresse em defender-nos do perigo. Podemos ansiar por um relacionamento, mas é muito perigoso entrar nesse território íntimo e emocional.

Defesas

As Histórias que Contamos a Nós Mesmos

Quanto mais frágeis somos, mais defesas precisamos, porque o mundo não nos parece seguro. Levamos em frente essa política de insegurança emocional, mas isso custa caro. Na verdade, muito nos é exigido para que ela continue existindo. Temos de continuar investindo em nossos padrões de defesa, sempre nos alimentando com as mesmas histórias. Uma cliente costumava me dizer: "Não existem homens por aí" – essa era a negação e a defesa dela; tornou-se a realidade *dela*, mesmo que não fosse verdade e não refletisse seu desejo. Perguntei a ela: "O que aconteceria se existissem homens por aí?"

No momento em que você conta a si mesmo ou (e a quem

quer que esteja ouvindo) a mesma história repetidas vezes, possivelmente estará processando outra história que repetirá inúmeras vezes a si e ao mundo – que realmente *quer* conhecer alguém. É energia lutando contra energia. Você anseia por algo e então resiste, não acredita, foge ou sabota o desejo.

Algumas das histórias que contamos a nós mesmos garantem que permaneçamos estreitos e limitados. Podemos chamar isso de "raquetes" – mantemos a raquete em movimento e nos iludimos afirmando que a razão de não podermos fazer *x*, *y* ou *z* é porque não temos dinheiro, tempo ou oportunidade. Não estamos sendo honestos conosco, já que isso remete ao nosso medo de mudança. Não nos arriscaremos.

Todos nós tendemos a ocupar territórios familiares na vida. Vamos aos mesmos lugares, fazemos as mesmas coisas, saímos com as mesmas pessoas – e habitamos o mesmo território emocional também. Parece-nos seguro; sabemos pelo que esperar. E nos fechamos para a possibilidade de deixar que algo novo aconteça. No início dos tempos, os antigos acreditavam que o mundo era quadrado, com limites definidos e perigosos. Reza a lenda que os mapas continham frases do tipo "aqui há dragões" escritas nas margens, indicando o desconhecido. É claro que sabemos que o mundo é redondo e que não cairemos de seus limites como se pensava antigamente, mas ainda criamos nossas fronteiras imaginárias ou limites que simplesmente não ultrapassamos – tanto física como psicologicamente.

Somos tão apegados ao mito de quem somos que nos fechamos para o nosso potencial. Formamos nossas identidades baseados no trabalho, em quão velhos somos e no que temos – e assim ficam como se fossem gravadas em pedra. Quanto mais acreditamos nessas indicações superficiais de quem somos, menos nos sentiremos verdadeiramente livres. Torna-se mais difícil agirmos espontaneamente; recusamos convites por acharmos que não vamos gostar da experiência. Tornamo-nos mais densos em nossos padrões de pensamento e mais emocionalmente bloqueados ao carregar esses papéis, identidades e expectativas. Consumimos toda a nossa energia nos apegando ao que temos e somos. Mas a verdade é que podemos nos reinventar se quisermos. É muito importante lembrar que sempre temos uma escolha – e também muito fácil se esquecer disso.

Quanta Liberdade Realmente Temos?

A resposta para essa pergunta é, dentro do mundo livre, tanto quanto você quiser ou tanto quanto você acha que tem. Vivemos, num vazio que preenchemos com a criação de zonas de conforto, e, uma vez que tenhamos pisado em nossa zona de conforto em uma delas, a vida continua enviando nossa encomenda todas as semanas e não pensamos em mudá-la. Portanto, atraímos muitas coisas devido aos padrões e pensamentos existentes. Nós os atraímos e depois nos perguntamos por que é que sempre recebemos a mesma coisa!

A verdadeira promessa oferecida pela lei da atração é que você pare de se fechar e passe a se abrir às possibilidades.

Perguntas para Fazer a si Mesmo Sobre sua História

☑ Qual é o meu histórico ou modelo de relacionamentos?

☑ Como ele chegou a acontecer? Pense sobre a história de sua infância e o relacionamento de seus pais.

☑ Como me mantenho inerte e bloqueado?

☑ Como eu gostaria que as coisas fossem?

☑ Estou realmente disposto a reescrever o roteiro de minha vida?

Escreva qualquer coisa relevante – qualquer percepção sobre sua história.

6
O Milagre do Esforço

Como Fazer com que a Lei da Atração Trabalhe a seu Favor

Então, agora você está consciente de sua lista de pedidos. Fez suas opções e encarou algumas das coisas que podem atravancar seu caminho, tais como defesas, padrões e sua própria história.

Agora é hora de dar um passo mais além. Esse capítulo apresentará técnicas específicas para superar qualquer coisa que possa impedir a lei da atração de manifestar-se. Aqui você irá trabalhar em si mesmo: questionando, analisando, visualizando e meditando sobre cada situação.

A lei da atração é uma combinação de milagres e esforços!

Aproximar-se de seu sonho acontece em poucos momentos, por meio de pequenas escolhas – precisamos ter ousadia em ser diferente. E, às vezes, uma ligeira mudança pode realmente causar um grande efeito e ser muito encorajadora.

Mas não devemos esperar mudar um padrão arraigado de resistência da noite para o dia. O universo não consegue entregar sua encomenda se houver um pesado campo de defesa ou de negação. É simplesmente impossível. É preciso limpar seu campo de energia para que o universo o ajude a conseguir o que quer.

Isso significa trabalhar alguns pontos em si mesmo, como valorização e auto-estima. Se você não se sente apto a responder às questões seguintes, peça para que alguém de confiança as responda em seu lugar. Esse pode ser um exercício muito interessante, já que a outra pessoa geralmente enxergará suas defesas mais claramente e irá direto ao assunto.

Faça algumas visualizações e reflexões, e então ative sua força de vontade dando o próximo passo. Continue motivado. Não desista de você mesmo – ou do universo.

...Mesmo que Nada Tenha Dado Certo até Agora

O passo seguinte é se concentrar no que o impede de prosseguir e como mudar essa posição.

Lembre-se, É *Você* Quem Cria sua Realidade

Aqui vão algumas questões para que você faça a si mesmo:

- O que eu realmente quero?
- Por que quero isso?
- O que me impede de conseguir?
  - a) O universo não está fazendo a entrega
  - b) Não tenho certeza se é possível
  - c) Tento de tudo, mas nada acontece
  - d) Tenho medo de conseguir e não estar à altura de obter sucesso
  - e) Estou preocupado com as mudanças e com o desconhecido
  - f) Estou me protegendo
  - g) Não sei (que é exatamente a sua resistência em agir)
  - h) Outra razão
- Qual minha recompensa em permanecer inerte, em não conseguir que o pedido seja entregue? Estou conseguindo tirar proveito de algo permanecendo do mesmo jeito?

- Como minha vida seria e como eu me sentiria se continuasse assim para sempre?
- Há momentos em que me sinto avançando? Em que circunstâncias? O que acontece que bloqueia tudo novamente?
- Como me meti nessa situação? Liste situações, atitudes e pessoas que contribuíram para esse problema. O que eles fizeram? O que eu fiz?
- Eu acredito ser possível mudar a situação?
- É possível que *eu* mude?
- O que estou esperando?
- Que resultado eu desejo?

Visualize esse bloqueio como se fosse um tijolo feito de cada uma das percepções que você teve nas respostas às questões. Depois, empilhe-os como se fossem a criação de sua lei da atração. Você construirá a partir daqui.

Técnicas para Manter sua Energia Fluindo

Agora você precisa aprender algumas técnicas para – no caso de ter ficado inerte – fazer com que a energia volte a se movimentar e você possa fazer as coisas acontecerem. Lembre-se, você pode não estar apto a impor uma mudança, mas *pode* liberar a energia e movimentá-la novamente.

Estar apto a atrair o que deseja exige que sua habilidade de trazer as coisas para perto de si seja trabalhada. Estar apto a manifestar o que você quer no plano físico é uma arte que pode ser aperfeiçoada. Para conseguir atingir as coisas, é necessário desenvolver um grande magnetismo.

Primeiramente, estabelecendo o óbvio, você precisa ordenar seus pedidos cósmicos da forma que quiser.

1. ***Escreva seu pedido cósmico e coloque-o num lugar onde haja energia. Coloque-o na porta da geladeira, onde você constantemente o verá.***

2. ***Pergunte-se quais seriam os três próximos passos para atingir o quc deseja. Escreva-os. Torne-os realizáveis, controláveis e possíveis dentro de um curto espaço de tempo.***

3. ***Conte para um mentor o que você está prestes a fazer e peça que ele cheque, de tempos em tempos, se você continua na mesma situação.***

4. ***Aja como se... A realidade fantástica. Agora imagine que você está vivendo sem o problema em questão. Ou que seu pedido cósmico já foi entregue.***

- Como *sua vida* seria sem este problema?
- Como *você* seria sem este problema?
- Como você agiria e como ficaria?
- Analise como se sentiria se o seu pedido cósmico já tivesse sido entregue. Amplifique essa emoção, sinta-a no seu corpo, na sua mente e em todo o seu ser. É muito importante que você consiga experimentar isso, imaginando como seria viver tendo o seu desejo realizado.
- Quando tiver essa sensação, escreva qualquer palavra que a descreva. O que é? Você conhece alguém que vive assim ou incorpora esse sentimento? Você poderia arrancar uma página do livro dele ou dela?

Sua missão agora é agir como se essa fantasia já tivesse se tornado realidade. Aja como se o pedido cósmico já tivesse sido entregue e já estivesse usufruindo dele. Se você tiver algo que o separe de seu desejo, será mais difícil que ele se manifeste. Você deve *ser* o que desejar, conectar-se com, tornar-se ou *agir como se* você estivesse alinhado a isso tudo. Ver seu desejo como algo alcançável é um fator crucial para aproximar-se de sua encomenda.

Essa técnica pode subitamente alterar seu padrão de atração. Ela é baseada na premissa de que "igual atrai igual" e você se torna apto a magnetizar as pessoas e as situações que deseja.

Outra técnica efetiva para aumentar seu poder de atração e dar mais leveza à vida é a "meditação magnética". Esse pequeno, porém eficaz exercício, pode fortificar seus recursos de auto-estima e fazer com que você se sinta mais positivo e confiante para conseguir o que quer – a qualquer momento, em qualquer lugar.

5. ***A meditação magnética.*** Imagine que você é um ímã. Imagine-se impregnado de energia magnética que atraia o que quer. Imagine seus desejos vindo em sua direção simplesmente porque eles são atraídos por você. Perceba como a vida acontece muito mais fácil quando você possui essa energia magnética. Como é simples conseguir o que se quer. Mas existe uma ressalva: tome cuidado com as coisas que você deseja. A meditação magnética é muito poderosa. Você precisa saber que está atraindo as coisas certas, e não fragmentos de algo que você pensou ser um bônus, mas que são, na verdade, excesso de bagagem.

Se você ainda estiver lutando contra problemas que o decepcionam e tiram sua motivação, então tente a seguinte meditação de maior perspectiva.

Alcançando uma Perspectiva Maior Sobre o Problema

Encontre um lugar silencioso e confortável, onde não será interrompido, e sente-se em uma cadeira com as costas retas. Feche os olhos e respire profundamente. Elimine quaisquer tensões e sinta-as deixando seu corpo.

Visualize sua imagem nesse local. Mentalmente olhe para baixo, observe-se e perceba que você está meditando sobre um problema específico de sua vida. Enxergue vividamente a sala em sua mente, com sua mobília e suas cores. Imagine-se olhando lá de cima a casa ou ou o prédio onde está, ainda com o problema em mente. Agora imagine que está vendo tudo isso de uma altura muito maior. Você agora pode ver a rua, o bairro, a cidade, as pessoas desempenhando suas obrigações diárias, enquanto você está sentado numa cadeira, num cômodo, em sua casa. Agora vá ainda mais alto e veja o país onde mora e o mundo todo, com todos os países e as pessoas que nele vivem. Dessa posição, envie um foco de luz para você, lá embaixo, como se fosse a luz de um refletor e você estivesse sob ele.

Visualize-se com o problema e percorra os motivos e eventos que o causaram, como se você estivesse rebobinando um filme. Somente as partes relevantes serão mostradas. Você consegue ver algum raio de luz? Consegue ver algo lá de cima que antes não via aqui embaixo? Será que consegue mandar algumas palavras, inspirações, sentimentos ou conselhos para você mesmo, estando nesse ponto mais alto da consciência?

Lentamente retorne à Terra, perceba o mundo, seu país, sua cidade, sua rua, sua casa, o cômodo onde você está, a cadeira na qual está sentado. Mexa os dedos dos pés e das mãos, abra os olhos e volte. Escreva sobre sua experiência, como você se sentiu e que ajuda pode ter encontrado.

Se para você é difícil acreditar e confiar que seu desejo será atendido, ou acha difícil parar de tentar controlar tudo, então experimente a técnica seguinte.

Técnica para Seguir o Fluxo

Permita-se entrar num estado meditativo e contemplativo. Sinta o relaxamento em seu corpo, quando todo esforço se esvai. Imagine-se olhando para um rio de águas calmas que o levará aonde você quiser. Tudo o que você precisa fazer é entrar e boiar, deixando que o movimento das águas o conduza para o seu destino final. O rio pode vagar, mas não há problema nisso. Você tem tempo suficiente. Não precisa se preocupar com a viagem, não precisa guiá-la, nem controlar os acontecimentos. Apenas acompanhe o fluxo do rio. Experimente sentir-se colocando sua confiança em algo diferente. Deixe de lado qualquer desejo de controle, apenas observe o cenário, aproveite a experiência e saiba que você *vai* chegar no lugar.

Essa técnica é útil para ser repetida sempre que estiver preocupado com porquê, como e para que serve a vida.

Se você ainda não conseguiu descobrir o que fazer, tente a técnica a seguir.

A Meditação da Escolha

Imagine-se caminhando pela estrada de sua vida e se deparando com uma bifurcação. Você precisa fazer uma escolha. Imagine que você tem um mapa em que pode ver onde cada estrada o levará. Preste atenção no que o mapa lhe indica. Uma estrada é mais rápida que a outra? Uma é mais bonita que a outra? Será que uma delas levará você ao seu destino de uma forma muito mais simples? Uma delas envolve a possibilidade de perder-se? Será que as duas estradas o conduzem ao mesmo lugar, portanto não haverá problema em escolher qualquer uma delas? Ou você está prestes a tomar uma direção completamente diferente? Perceba o que você sente antes de tomar essa decisão. É importante. Perceba que você é livre para mover-se em qualquer direção na viagem da sua vida.

Todos esses exercícios e técnicas ajudarão você a aumentar seu *poder de realização*. Mas existe um ingrediente essencial para habitá-lo a realizar a lei da atração. **É o poder de intenção.**

Qual a Diferença Entre Intenção e Desejo?

Precisamos aumentar a potência da intenção se quisermos que a lei da atração trabalhe em nosso favor. Ter intenção é muito diferente de ter um desejo. **Intenção é tudo**.

O que exatamente difere a *intenção* de um *desejo*? Intenção é um estado consciente. Implica em ter um propósito, ter responsabilidade pelo que acontece e envolver-se ativamente para fazer com que algo aconteça. Por exemplo, se você pretende perder peso, provavelmente entrará em uma dieta, fará mais exercícios, definirá objetivos e fará tudo o que estiver ao seu alcance para livrar-se dos maus hábitos. Desejo, por outro lado, é definido como "uma espera insatisfeita". É um estado passivo. Se você apenas deseja perder peso, pode querer então reduzir alguns quilos ou *desejar* que isso aconteça, mas nada acontecerá a menos que você *faça* alguma coisa.

Se intencionamos com firmeza um objetivo, as coisas começam a se reajustar. Elas se tornam conectadas. No entanto, se nos colocamos numa posição de desejo, experimentamos a fragmentação, onde todos os nossos desejos estão competindo uns com os outros. Podemos nos perder nessa esfera; às vezes nossos desejos estão em um conflito tão grande que perdemos de vista o que realmente queremos. Se formos dirigidos pelos nossos desejos, eles podem se tornar tão poderosos que parecerão compulsivos. E o pior é que, mesmo que os atinjamos, raramente serão satisfatórios. Uma vez que tenhamos atingido nossos desejos, somos compelidos a querer mais ou outro diferente. Seja o que for que desejamos, quando eventualmente conseguimos, percebemos que não era exatamente o suficiente. Estamos num ciclo que nos mantém como ratos em esteiras.

Pode parecer que o desejo faz o mundo se movimentar – as empresas prosperam com ele; a publicidade o promove; e nós corremos atrás disso ou daquilo, pensando que só assim seremos felizes. Assim sendo, quando nossa energia está dispersa, somos menos efetivos. Na compra do desejo, às vezes perdemos nossa essência, nossa substância, nossa força vital. É muito importante não identificar-se tanto com desejos – eles são o que nos levam, geralmente, aos velhos hábitos.

Mas sentir desejo não é de todo ruim. Pode ser algo positivo, porque ele nos coloca em contato com o que queremos. Pode ser um gatilho que nos tira da inércia. Pode ser bom desejar algo e objetivar um resultado – mas é melhor não ater-se muito ou prender-se em um pensamento sobre como queremos que isso seja entregue. Mas o próprio apego natural é intenso. Quando está operando, temos de ter o que quer que seja. Sentimos que nossas vidas dependem daquilo.

De acordo com a teoria budista, desejo e apego são grandes fontes de infelicidade. O Dalai Lama fala de um "ser não-necessitado", que não se prende nem se apega, seja a objetos, situações ou pessoas. Você pode pensar que a ordem cósmica vai contra esse princípio, já que "dar uma ordem" ou "fazer um pedido" implica em desejar algo. E nós desejamos. Mas a habilidade existente na lei da atração depende da nossa habilidade de pretender que algo aconteça, sem que nos sintamos compulsivos.

Você pode escapar da esteira do rato se tiver firmeza nessa intenção. Intenção é mais poderosa e atenta do que desejo. Com intenção você pode experimentar o máximo de energia com o mínimo de esforço.

Utilizar intenção significa que você opera em um nível muito maior de autoconsciência. *Você escolhe fazer algo ao invés de ter de fazê-lo por obrigação.* Pela intenção você pode satisfazer suas necessidades e não suas vontades.

Você Faz sua Própria Sorte?

PENSE EM TER SORTE!

Pesquisas mostram que as pessoas que consideram ter sorte têm mais chances de atrair oportunidades.

Às vezes parece, já que as explicações da lei da atração soam tão simples, que podemos conseguir qualquer coisa por meio de um pedido, e que a única coisa que você precisa fazer é recostar-se e esperar que a encomenda venha bater a sua porta. Mas eu não acredito que seja realmente assim que funcione. Especialmente se você tiver um padrão de resistência que torna difícil a aproximação de possibilidades.

MANEIRAS-CHAVE PARA SE TER SORTE

É assim que você se torna uma pessoa com sorte e, como alguém já disse: "Precisei trabalhar muito para ter tanta sorte!"

- Não é suficiente apenas *querer* que algo aconteça. Você precisa estar preparado para *fazer* alguma coisa também. O universo espera que você faça a sua parte. Esforçar-se também é um ingrediente-chave. Você atrai oportunidades se souber como usá-las, do mesmo modo que energia atrai energia. É preciso que você comece a desenvolver sua atitude e sua intenção para conseguir fazer escolhas claras, e tomar decisões firmes e caminhar na direção escolhida.
- Se você já tentou de tudo, mas sente-se como se estivesse batendo a cabeça contra uma parede de tijolos, talvez a solução seja **confiar no processo** um pouco mais para que a lei da atração trabalhe para você. Não tem nada a ver com estar sob controle e ter tudo que se quer, mas sim, em confiar e deixar acontecer, para que o universo consiga trabalhar. Você pode precisar de disposição para render-se ao fluxo de energia que o levará para onde quer ir.

- Mas aqui está o paradoxo da criação da própria sorte: estar 100% atrás dela, e não permitir atar-se aos resultados. E não se atenha ao como você quer que aconteça. No minuto em que começar a se martirizar com detalhes elaborados sobre como você quer que as coisas sejam, o sistema de entrega será bloqueado. A técnica de estar comprometido com o acontecimento de um evento sem tentar controlá-lo requer certa prática e paciência. Mas, uma vez que você tenha conseguido, a sorte o seguirá.

Você é do Tipo que Tem Energia Receptiva ou Dinâmica?

Isso nos leva novamente ao assunto "destino e livre-arbítrio". Até que ponto podemos afetar o resultado? As pessoas tendem a ser de dois tipos: as mais receptivas sente que existe um projeto grandioso e deixam a vida se desenrolar por si mesma; enquanto as dinâmicas acreditam que nós criamos nosso próprio destino e que, com um forte propósito, conseguimos o que queremos.

As qualidades receptivas são o oposto das dinâmicas:

RECEPTIVAS	DINÂMICAS
Yin	Yang
Amor	Vontade
Fluxo	Ação
O Projeto Grandioso	Livre-arbítrio
Passivo	Agressivo
Intuitivo	Lógico
Ser	Fazer

As pessoas tendem a ser de um tipo ou de outro. Se você quer melhorar o aproveitamento de sua lei da atração é importante estabelecer quem você é logo no começo, para que possa se concentrar em trazer as qualidades opostas para a sua vida.

Tipos Receptivos

Você é do tipo receptivo quando:

- Vê conexões com facilidade
- Tem tendência a seguir o fluxo
- É fluído e prefere "ser" a "fazer"

- Acredita que tudo vai dar certo no final e que apenas deve confiar no processo
- Entrega o resultado ao destino e diz que tudo acontece por uma razão

Seu problema: você vê o potencial e as possibilidades, mas tem dificuldade de torná-los reais perdendo o foco.

Tipos Dinâmicos

Você é do tipo dinâmico quando:

- Acredita ser o responsável pelo que acontece
- Acredita que pode fazer as coisas acontecerem
- Gosta de desafiar-se e driblar os problemas
- Acredita que as soluções aparecem nas suas escolhas
- Gosta de estar no controle e sempre sabe o que está fazendo

Seu problema: você faz tudo que pode para ver as coisas acontecerem, mas tem dificuldade de confiar no universo. Gosta de estar no controle, mas não consegue deixar a entrega nas mãos do cosmo.

Para que a lei da atração funcione, você precisa dispor de qualidades que envolvem receber e conquistar.

Se você se identifica com o fato de ser *receptivo*, então precisa se tornar muito mais ativo e dinâmico na busca de seus desejos. É preciso tomar decisões práticas e desafiar-se para fazer seus sonhos tornarem-se reais. Passe mais tempo vivendo no mundo exterior e entregue-se ao desconhecido, em vez de sentar e esperar que as coisas venham até você na plenitude do tempo.

Se, no entanto, você se identifica com o fato de ser *dinâmico*, então precisa trabalhar regularmente as técnicas de visualização citadas anteriormente, em especial aquelas que auxiliam a seguir o fluxo. Você precisa se deixar levar mais freqüentemente e aprender a "apenas ser". Lembre-se que pode conseguir o que quer simplesmente ficando quieto ao invés de correr atrás de tudo. A habilidade de receber é uma arte que requer um certo nível de abertura. É necessário sentir-se confortável em receber.

Como Saber se é a Hora Certa?

Qualquer mudança exige um fim e um começo. Você pode mudar algo pequeno, como um hábito, ou mudar o método corrente, ou até mesmo, em alguns casos, optar por uma mudança radical que faça com que você desista da sua mesma vidinha de sempre.

Qualquer mudança requer intenção, energia e força de vontade para que você saia do passado e faça escolhas de forma diferente. Se você está tentando mudar um padrão familiar, é preciso que diga a si mesmo: "Dessa vez eu não seguirei por esse caminho." É necessário fazer um certo esforço. Realmente querer mudar em um nível mais profundo e não simplesmente pensar que seria legal se isso acontecesse. Você precisa se comprometer com sua vontade.

Às vezes, é necessário deixar algo de lado para permitir que seja feito aquilo que você quer. Desprender-se não é apenas um processo mental, mas um verdadeiro abandono ou preenchimento interior que acontece num ponto decisivo de sua vida e continua a se manifestar. Estar disponível implica em abertura. Realizar algo novo exige que você esteja pronto para fazer o que é certo a si mesmo, e estar consciente daquilo que lhe impõe limites.

● ● ●

Você sabe quando é a hora certa. É quando sente que está pronto para tentar algo novo. É aqui que a teoria de Jung sobre *sincronicidade* entra em jogo. O que quer que habite sua mente atrairá energias similares. É como se, por exemplo, você quisesse ir a um determinado lugar e acabasse de encontrar alguém que estivesse retornando desse mesmo lugar.

Ou então quando você tem uma idéia e encontra um livro que fala muito mais sobre o assunto. Pequenos sinais e mensagens começam a encontrar ressonância no que você está tentando fazer. Esses são os sinais que dizem: “Sim, é a hora de dar lugar ao seu desejo.”

Então, é necessário que você prepare um esboço flexível de como quer que as coisas sejam. Flexível, porque não há como estar totalmente no controle. *Você quer que as coisas mudem e está aberto para o que vier.*

7
Desejo e Expectativa

Como a Lei da Atração Pode Ajudar uma Relação

Você Está com Alguém, mas Sente que não Está Dando Certo

Você pode utilizar a lei da atração quando uma boa relação está saindo dos trilhos. No caso de sentir-se preso a um ciclo vicioso, poderá fazer uso da lei da atração para ajudá-lo a sair desse ciclo, uma vez que ela o conectará a um plano mais amplo. Quando você se encontra imerso em um problema, é possível sair da situação e ver que a relação está lhe ensinando algo sobre si mesmo. Você pode pedir orientação ao universo para qualquer coisa que esteja aprendendo sobre o problema. Pode solicitar ajuda sobre como deixar de lado sentimentos ruins e tornar-se mais compreenssivo.

Quando nos Sentimos Compelidos a Estar com Alguém

Se você está dominado pela compulsão de estar com alguém é porque encontra-se numa espiral onde o universo não consegue se comunicar com você. É quando você se sente perdido. Perdido em um vício por alguém. Você quer estar com essa pessoa, deseja certas coisas da relação, espera que a pessoa se comporte de determinada forma, enfim, dá tanta importância para a relação que acaba causando mal-estar,

Às vezes não é possível ter a pessoa que queremos em nossas vidas. Ou ela está comprometida, ou não é "certa para nós", ou simplesmente não está disponível. Perdemos muito tempo investindo esforços para controlar a situação, tentando, ao mesmo tempo, fazer com que ela se desenrole, forçando a outra pessoa a fazer o que queremos. Mas o universo está sempre do nosso lado e nos apresenta um meio de nos livrarmos de algo que não nos favorece. Se pudermos aprender a seguir o fluxo, o universo poderá nos levar além dos limites daquela situação, e aí, sim, podemos nos tornar abertos a novas experiências.

Como a Lei da Atração Pode Ajudar a Melhorar Relacionamentos Reativos

Se você vive um relacionamento que parece mais uma piada cósmica do que uma união celestial, é fácil perder de vista a sua conexão com o universo. Se estiver preso num relacionamento *reativo*, não consegue enxergar os sinais, encontrar sentido, ter perspectivas ou seguir adiante.

Em primeiro lugar, é preciso observar atentamente o relacionamento que se tem. Ele é reativo? Em outras palavras, ele costuma levar você a situações de conflito repetidas vezes, sem que você consiga se conter? O cosmo não pode quebrar o ciclo. Mas se estiver pronto a brecar com esse joguete, então poderá avançar e pedir ajuda ao cosmo para que seu relacionamento seja mais feliz.

SINTOMAS DE UMA RELAÇÃO REATIVA

- Você constantemente se sente preso num contínuo padrão de conflito?
- Você se envolve em brigas que o fazem voltar sempre ao mesmo tipo de discussão?
- Tenta controlar seu parceiro para evitar conflitos, mas sente que ainda cai em armadilhas?
- Você sente que apenas sobrevive à relação ao invés de aproveitá-la?
- Seus amigos e sua família lhe dizem para sair dessa relação, mas você está tão enganchado que acha isso impossível?

Quando duas pessoas estão conectadas num nível mais elevado, elas são capazes de perceber seus potenciais como seres humanos em ter e fazer, em vez de conduzir uma relação baseada em perdas e faltas, onde cada um considera o outro como um inimigo.

Você pode achar que a atitude do seu parceiro ou de sua parceira impedirá qualquer mudança. Mas é necessário que apenas um de vocês tome a decisão de mudar. Não é preciso que os dois estejam no mesmo nível.

O tipo de relacionamento indicado acima é baseado em ganho/perda de energia. É preto no branco, sem tons de cinza e gira em torno de quem é certo e errado. Quanto mais vocês cobram do relacionamento, mais adrenalina é gerada entre os dois e mais presos ao problema todos ficam.

A relação também é possessiva – um quer possuir ou ser possuído. É baseada no medo de, com o tempo, ser substituído ou de perder o amor. Quando uma relação é centrada nesses medos, fica difícil encontrar paz no relacionamento com a outra pessoa. O medo cria uma gangorra de emoções, um poço de adrenalina, e nos impede de ter uma relação de qualidade. Ter a sensação de que você deve ater-se àquela pessoa custa um alto preço. Isso lhe priva da habilidade de se abrir. Apegar-se a alguém é uma forma de clausura. Você se prende a um ciclo negativo de energia dentro do qual o universo não consegue alcançá-lo.

A Batalha do Ganhar/Perder e como o Universo não Consegue Alcançar

Quando a relação vive baseada em fogos de artifício, a adrenalina produzida nesse processo é viciante. Você acha que é obcecado pela pessoa, mas na verdade é obcecado pela adrenalina que advém dessa relação e que causa uma sensação agradável parecida com o sentimento de estar apaixonado. Essa pessoa e a dinâmica da relação disparam uma sensação de êxtase. O problema é que isso pode ser acompanhado de uma expêriencia ruim.

Você pode ficar tão intoxicado com os altos e baixos da relação que será difícil terminá-la de uma hora para outra, e que essa deveria ser a única maneira de se conseguir um panorama equilibrado. Confundimos o drama com amor, porque nos parece muito intenso, muito apaixonado. Se não tomarmos cuidado, podemos nos convencer de que estamos totalmente certos.

A realidade é que a relação está muito esgotada e nossa obsessão pela pessoa e por *ganhar* na relação impede que nos afastemos e vejamos o que realmente acontece. Desligamo-nos do cosmo e não conseguimos interpretar os sinais. O resultado é que nos tornamos emocionalmente instáveis e prejudicamos nosso bem-estar por vivermos num estado de constante tensão.

OS BLOQUEIOS TÓXICOS DAS RELAÇÕES

Temos algum poder sobre os acontecimentos em nossos relacionamentos? Sempre temos, embora, por vezes, tenhamos que cultivá-lo.

O universo sempre nos manda um tipo de pessoa que pode nos ensinar algo? Sim. Imaginamos que as coisas devam ser perfeitas entre nós e nosso parceiro mas geralmente aprendemos mais com nossas relações difíceis. Essas são as que exigem mais esforços da nossa parte.

No entanto, às vezes nos tornamos tão apegados aos nossos bloqueios tóxicos que a relação se assenta e fica realmente presa. É aí que precisamos mergulhar dentro de nós e descobrir porque estamos nessa armadilha.

O Complexo de Cinderela

Essa é uma armadilha muito comum. Significa que dependemos de alguém para que nos sintamos bem conosco, já que nos refletimos nela. Isso é perigoso porque significa que não temos um núcleo forte, temos baixa auto-estima e nos falta habilidade para sentirmo-nos bem, seja com ou sem outra pessoa.

Em alguns casos, você pode projetar seu destino calcado em alguém, para que essa pessoa aparentemente determine os resultados da sua vida. Você permanece pequeno e sua vida constantemente aguarda enquanto você espera que *o outro* tome todas as decisões. Que se decida se quer ou não comprometer-se, por exemplo.

Desprender-se da imagem de Cinderela pode ser surpreendentemente difícil. A dinâmica do conto de fadas deve acabar e a ilusão deve ser trabalhada, conforme você tenta ver a vida de forma mais realista. Deixar de lado o papel da Cinderela significa ser responsável pela própria vida e perceber que é ser capaz de fazer algo para mudar o que está acontecendo. Significa que não se pode apenas culpar os outros.

Um componente muito importante na lei da atração é que **somente podemos criar nossa própria realidade quando não há ninguém para nos censurar!** Em outras palavras, se sentimos que alguém deve ser culpado pela nossa situação, então ficamos sem poder – porque são os outros que estão no controle e automaticamente perdemos o poder de mudar qualquer coisa. No momento em que paramos de culpar os outros; ganhamos a liberdade para criar algo melhor.

O Jogo de Pingue-pongue

Lá está você em sua relação e com todas as discussões que vêm e vão. Existe um nível onde isso é saudável e outro onde torna-se tóxico. Você instintivamente saberá a diferença entre eles. A discussão considerada tóxica é contínua e pode ser despertada por coisas pequenas, mas rapidamente penetra no seu interior. É caracterizada por um ressentimento fervente e uma batalha contínua na qual ambos lutam para ganhar.

Sempre é preciso que haja duas pessoas para que um problema seja criado. Há uma espécie de pacto inconsciente para um jogo, que estende o problema continuamente, em que ambas as partes se debatem num jogo ensaiado, tal como o pingue-pongue. Ele se autoperpetua, **mas é somente necessário que um dos dois mude**.

Para fazer a mudança acontecer, você precisa sair dos parâmetros conhecidos e encerrar o comportamento destrutivo ou dinâmico. Deve-se ter força de vontade para realizar as coisas de uma forma diferente e não desencorajar. Você pode até achar que não entra em joguetes, mas o faz. Esse contínuo batalha/padrão/conflito é na verdade um jogo. E se isso está caminhando para alguma mudança você deve ter responsabilidade pela sua parte. O que é que você faz para que isso continue?

Com esse padrão incrustado em vocês dois, você precisa fazer mais além de sonhar ou desejar que as coisas sejam diferentes. É preciso reunir qualquer indício de motivação e *querer que as coisas mudem*. Mas é muito fácil voltar a participar do velho jogo de pingue-pongue, porque parece familiar e lhe dá a recompensa de sentir que você está certo e o outro, errado.

PERGUNTAS SOBRE O JOGO DE PINGUE-PONGUE

- Como estou colaborando para que continue?
- Eu tenho uma opinião sobre alguém e esse alguém confirma o que penso dele?
- Estou disposto a deixar de lado o conflito que tenho com essa pessoa?
- O que eu aproveito do jogo? (Sinto-me certo; gosto do drama; libero meu estresse; gosto do desafio?)
- Consigo me desprender da idéia de querer algo dessa pessoa?
- O que realmente penso do conflito?
- Possuo desejo, crença e expectativa de que as coisas podem mudar?

Revendo o Jogo e seu Pensamento

Se pensarmos em alguém de determinado jeito, então esse alguém *será* assim para nós. Obviamente ninguém é sempre igual, já que outras pessoas terão outras opiniões e verão por diferentes ângulos. No entanto, continuamente mantemos as pessoas presas ao que vemos através de nossas lentes pessoais. Nós as encaixotamos. *É verdade que podemos mudar o mundo se mudarmos nossa percepção.*

Se aceitarmos alguém do jeito que é, sem querer que mude, estaremos criando a possibilidade de que algo novo aconteça. Você pode achar que a outra pessoa nunca mudará porque ela está muito inerte. Mas se você acreditar na possibilidade de mudança, sua abrangência será maior.

No jogo de pingue-pongue, as discussões geralmente começam em função de coisas relativamente pequenas. Há tanta coisa sobreposta ao problema que achamos que estamos discutindo sobre *x*, quando *y* é o problema real. Há uma realidade por trás da realidade. Reconhecer o que essa pessoa está despertando em você é um passo vital para lidar com o problema.

Quero Acabar com os Problemas Emocionais

É preciso que você entenda o que o está segurando, se é culpa ou ressentimento, por exemplo. Você é quem sofre por abarcar esses problemas. Eles se atam ao seu corpo emocional e obstruem sua psique, criando um sentimento pesado e impenetrável, às vezes até amargo. Deixar isso de lado liberará toda a sua energia. Mas você não pode falar que está livre apenas da boca para fora – você deve realmente *querer* livrar-se.

Você pode pedir ajuda ao universo para livrar-se desses sentimentos. Mas não peça para mudar outra pessoa. Isso não cabe ao universo.

Se sua auto-estima for alta, automaticamente se sente menos ameaçado pelo que as outras pessoas dizem. Você pode cultivar isso. Comece pensando: "Não importa o que você diga, não me sentirei ameaçado." Como Eleanor Roosevelt já havia observado: "Ninguém pode me fazer sentir inferior sem meu consentimento."

Você pode pedir ajuda ao universo para sentir-se melhor com você mesmo e afastar-se daquelas mensagens do tipo "não é bom o suficiente", que podem estar lhe espreitando.

Como o Universo Pode Ajudar?

Podemos ver além do comportamento da outra pessoa e o que está acontecendo conosco? Em alguns casos, para melhorar nossa conexão, pode ser útil ver essa pessoa como uma alma com personalidade. Ao invés de vê-la como alguém que está se comportando mal ou que não faz o que queremos, podemos vê-la mais além ou mais profundamente. Pode-se chegar a isso ao perceber que a outra pessoa é muito mais do que uma discussão ambulante esperando o momento para acontecer! Se você expande sua percepção sobre o que constitui uma pessoa, levando em consideração todas as suas neuroses, medos, fixações, inseguranças, carências, desejos e vontades, você criará uma esfera onde poderá acontecer uma conexão mais profunda. Se pudermos evitar essa vontade de apagar a parte da personalidade do outro que não nos agrada, mas sim incluir essa parte (se possível sem julgamento), significa que podemos seguir em frente, mesmo se mantivermos a relação.

Não precisamos gostar nem concordar com tudo que o outro diz ou faz, mas ajuda aceitá-lo como pessoa. Você pode pedir ao universo para ajudá-lo nessa aceitação – porque você pode não estar apto a mudar essa pessoa, mas pode mudar a si mesmo.

Técnica para Examinar Profundamente o Problema

O exercício seguinte ajudará você a examinar profundamente o que se entende como padrão e a outra pessoa. Pode ser revelador.

Posicione duas cadeiras, uma de frente para a outra, com uma almofada entre elas. Uma será a sua cadeira e a outra representará a cadeira da outra pessoa. Sente-se na sua cadeira e visualize a outra pessoa sentada à sua frente. Lembre-se da tensão que existe entre vocês. Talvez você não se sinta confortável com essa pessoa, ou ela lhe irrite, ou as dificuldades entre vocês impeçam que você seja gentil com ela. Se for útil, escreva qual é a dificuldade sob seu ponto de vista, explicando como você se sente.

Agora troque de cadeira! Visualize-se como sendo a outra pessoa. Tente imaginar como é ser essa pessoa: como você é aos olhos dela, como você se apresenta e o como você se sente. Exagere. Faça afirmações que ela eventualmente possa fazer: eu sou *x*, eu sinto *x*, eu penso *x*, eu me defendo com *x*. Torne-se a outra pessoa enquanto você se vê na outra cadeira e note como ela lhe vê e sente. Agora imagine-se tendo os medos e as esperanças dela. Realmente tome-os para si. Do que se tratam? Como eles fazem você se comportar? Escreva quaisquer percepções, se desejar.

Agora fique neutro, dissociando-se da outra pessoa e do problema. Sente-se na almofada entre as duas cadeiras. Daqui você consegue ver algo a mais do problema ou das necessidades mais profundas das duas pessoas envolvidas? Você tem consciência do que os move e do que é necessário para que esse padrão seja quebrado ou surja um melhor entendimento? Escreva quaisquer percepções.

Fazer isso ajuda-nos a ver nossas *projeções*. Durante todo o tempo olhamos para a outra pessoa através de nossas próprias lentes distorcidas. Ao nos *tornarmos o outro*, conseguimos perceber realmente como é *ser esta pessoa*. Projeção é algo que todos fazemos, na maior parte do tempo porque é muito difícil ser transparente e ver os outros claramente. Fazemos julgamentos pessoais e comentários, além de tomarmos decisões sobre as outras pessoas, baseados em nossos próprios valores. Até mesmo os vemos como pessoas que se comportam de um modo que "nunca nos comportaríamos". Mas isso é porque reprimimos aspectos em nós mesmos ainda escondidos no submundo de nossa psique. Toda vez que sentimos uma carga de energia em outra pessoa é sinal de que algo nela está se conectando com algo em nós.

Pare de Jogar

Podemos escolher como responder aos outros, se queremos permanecer serenos e lidar bem com as coisas.

Você pode praticar responder em vez de reagir:

- Deixando que o tempo estabeleça lentamente um plano, uma idéia ou uma resposta
- Quebrando um hábito
- Correndo riscos e fazendo algo que esteja fora da sua zona de conforto

Comece a implementar essas ferramentas no seu relacionamento.

Desvencilhando-se de Relacionamentos Passados

É possível manter a fixação que temos por alguém, mesmo muito tempo depois, de a relação tecnicamente ter acabado. Somos apaixonados por essa pessoa, a comparamos com outras, tornamo-nos nostálgicos com os bons tempos que tivemos ou relembramos continuamente os tempos ruins, mantendo assim a história no presente. É como se fosse um fantasma em nossas vidas e muito da energia emocional psíquica está tão presa a outras pessoas que há muito pouco espaço disponível para alguém novo.

Atacar os assuntos inacabados é vital (mesmo que você faça isso sozinho). Pergunte-se:

- O que não consegue deixar de lado?
- No que está se prendendo?
- Como isso impede que você siga com sua vida?
- Ainda deseja muito essa pessoa? Por quê?
- Essa é a única pessoa com as qualidades que você deseja no mundo?
- O que você deixou de dizer a ela?
- O que você não fez?

- O que impede você de resolver isso?
- Você consegue aceitar e permitir que essa relação acabe e atingir um estado de paz interior?

Tudo que você precisa fazer é trabalhar esses assuntos inacabados.

Técnica para Desprender-se de Alguém

Imagine-se dentro de uma das metades da figura de um número oito. A pessoa da qual você está tentando se desprender está na outra metade. Vocês estão juntos, mas separados. Coloque qualquer coisa que pertença a você no seu círculo e qualquer coisa que pertença à outra pessoa no outro círculo, incluindo palavras, situações, eventos, bens e experiências. Gradualmente você poderá ver os dois círculos se distanciando um do outro e se separando em duas unidades.

8
É com Você

Um dos aspectos mais interessantes da lei da atração é a quantidade de vida em suas mãos. Sim, coisas que você não desejou acontecerão, o destino decreta que alguns elementos entrem em sua vida, mas depois disso **é com você!** Você é livre para fazer o que quiser. Pode escolher continuar jogando com as oportunidades, comprometer-se com a vida, fazer alguns pedidos cósmicos e permanecer positivo.

Os Ingredientes-chave

O que Você Procura?

Em primeiro lugar, é muito importante estar consciente do que exatamente se procura. Não tenha pensamentos vagos. Pare de permitir que padrões antigos se manifestem em sua vida. Comece a ver ativamente ao invés de sonhar de olhos abertos.

Você Pode Confiar?

Perceba o quanto é cínico. Você acredita no poder da ordem

cósmica? Consegue depositar sua confiança em algo maior, em algum tipo de sabedoria, orientação ou significado divino? Estar apto a olhar o cosmo nos olhos e ter coragem de fazer um pedido requer fé na vida. A fé não é algo que se adquire automaticamente. Se você trabalha para desenvolver sua intuição e acredita na sabedoria e no significado da vida, então está em conexão com o invisível. Significa deixar de lado quaisquer atitudes céticas e proteger-se do cinismo das outras pessoas. É tão fácil duvidar e zombar. ***É tão fácil fechar-se. Mas fechar-se não leva a lugar nenhum***. Isso só torna as coisas menores e coloca restrições no que já está disponível para você.

Estar apto a perceber a vida e envolver-se com ela, em vez de ser apenas um inocente observador, exige coragem e energia. Ou você se acomoda e deixa a vida acontecer, ou realmente começa a viver. Se conseguir fazer sua energia fluir, sentirá que pode fazer o que quiser, resolverá seus problemas, ajudará outras pessoas, ganhará mais dinheiro e se sentirá mais satisfeito. A vida parecerá muito melhor e será apresentada uma situação que se resume em ganhar/ganhar.

É importante confiar na vida, mesmo que às vezes você não entenda o que ou por quê algumas coisas acontecem. Tente receber o que a vida lhe apresenta, mesmo que não seja exatamente o que quer... ainda. Atenha-se à intenção sem expectativa e aguarde sem resistir. Diga a si mesmo que está simplesmente relaxando.

Perceba que Tudo Está aí para Você

O mais importante é ***parar de entrar em pânico***. Sentimos que deve haver uma data certa para obter o que queremos, mas o tempo cósmico trabalha de acordo seus próprios termos. Ser amável, equilibrado e elegante pode ajudá-lo a lidar com qualquer coisa. Livre-se da tensão de precisar ter tudo *agora* (como um bebê chorão). Você terá o melhor no tempo certo. Ser grato também faz bem. Senão corremos o risco de ficar presos num ciclo de querer mais e mais e nunca damos valor ao que já temos.

A premissa do pensamento vigente é que não há escassez no universo. Sempre há o suficiente – só que às vezes é difícil que as coisas apareçam.

E quanto mais desesperado você ficar, mais restrita a energia se torna. O desespero é uma força repelente. E se você se faz de difícil, interrompe os caminhos por onde aconteceria a entrega da encomenda. ***Mantenha o foco em ser caloroso, esperançoso e relaxado.*** Essa energia magnética de afinidade e atração funciona melhor quando você é agradável, então dê-se conta de que você é, e seja!

Uma vez que você entenda que há uma conexão entre o que está acontecendo do lado de fora e o que acontece dentro de você, uma fantástica ferramenta surge para lhe auxiliar. Pratique primeiro com coisas pequenas: imagine ter um dia feliz, um lugar para estacionar, uma reunião agradável, que a loja tenha aquela peça de roupa disponível no seu tamanho.

Sempre afirme o que você quer – nunca o que você não quer. Assim, numa escala maior, quando se trata de magnetizar um relacionamento, essa ferramenta lhe dará o poder de mudar seu padrão usual. Você verá que a ameaça ou a oportunidade está *dentro de você* e não fora. Comece por escolher o que você quer e pare de se comportar de forma automática.

Desenvolvendo sua Própria Consciência

Liberando a Tensão

Certa vez, um monge budista me ensinou a importância de fazer "meditações vivas". Não é necessário adotar determinada postura ou desenvolver rituais para entrar em contato com o poder de reflexão. Basta observar o céu estrelado. Enxergar a nós mesmos como meras partículas do universo e reconhecer que há muito mais na vida do que nossos problemas. Podemos caminhar ao longo de um rio e deixar que o seu fluxo nos acalme à medida que percebemos que "o problema também vai passar".

Além disso, nós podemos respirar profundamente e nos acalmar. Simplesmente pelo fato de respirar profunda e uniformemente, nos lembramos do fluxo, é a conexão entre absorver e desprender-se. Você pode limpar-se e purificar-se apenas expirando a energia interna tóxica num grande sopro de ar. Sinta o alívio percorrendo por todo o seu corpo e deixe a tensão ir embora.

É fácil esquecer quantas escolhas deixamos passar e como nos sentimos nesse dado momento.

- Não podemos escolher sempre o que acontece conosco, mas pelo menos como responder.
- Temos tantos pensamentos, memórias e "coisas a fazer" rondando nossas cabeças que nos sentimos fragmentados e exaustos. Limpar a cabeça desse "zum-zum-zum" é vital para efetuar um pedido cósmico efetivo, e ter a sensação de bem-estar interno.
- O modo como se comporta é um claro reflexo do que acontece dentro de você. Esse comportamento, também transmite grandes mensagens aos outros.

OS REFLEXOS CORPORAIS

- Não olhar as pessoas diretamente nos olhos transmite falta de conexão
- Balançar o joelho constantemente, vibrando-o, indica nervosismo e impaciência

- Ombros retraídos demostram uma necessidade de autoproteção ou sentimento de estar sobrecarregado
- Semblante rígido significa estar nervoso ou tenso

ABRINDO-SE E FECHANDO-SE

Imagine que você é uma flor. Primeiro visualize-se como um botão, com toda sua cor, perfume e esplendor. Imagine cada uma de suas pétalas abrindo lentamente. Quando todas as pétalas estiverem totalmente abertas, aproveite a sensação de estar radiantemente aberto e disponível para que todos o vejam. Você está em sua plenitude. Então, veja as pétalas se fechando lentamente, uma a uma, até que volte a ser um botão bem fechado. Você tem controle total para se abrir e se fechar quando quiser. Pratique!

Estar emocionalmente aberto exige que você tenha seu corpo e mente abertos. Mas e para nos protegermos? Não queremos ser o alvo da energia negativa de alguém. Você pode praticar esse processo de abrir-se e fechar-se com essa simples visualização.

Nossas Escolhas

- Podemos *escolher ver nossas projeções*: onde nos sobrepomos (normalmente as partes que não queremos tomar conhecimento) aos outros. *Aquela pessoa é má, difícil etc.* Atribuímos nossos desejos e impulsos inconscientes a outras pessoas. Uma vez que tomamos consciência de que nossa percepção de algo negativo ou positivo é decisão exclusivamente nossa, não precisamos perder tempo e energia julgando a outra pessoa, porque somos capazes de seguir com nossa própria vida. De qualquer forma, trata-se de uma projeção e podemos escolher qualquer caminho – e teremos muito mais poder sobre nossas vidas.
- Podemos *escolher ver uma crise como uma oportunidade*. A palavra chinesa para crise é *wei-chi*, que une em si os conceitos de crise e oportunidade. Podemos ter um problema em nossas mãos, mas se insistirmos em vê-lo como uma dificuldade estaremos perdendo a oportunidade contida nele. *No fim das contas o que vale não é o que acontece conosco, mas o que pensamos sobre o que acontece conosco.*
- Podemos *escolher* atrair o que queremos e fazer algo positivo com isso. E por falar nisso, procrastinação é o oposto de intenção.
- Podemos *escolher estar conectados* ao cosmo, a nós mesmos e aos outros. Ou lembrar de que *todos* esta-

mos conectados. A energia por si só está conectada, por mais aleatória e caótica que pareça. Tanto que cientistas ponderaram se o bater das asas de uma borboleta no Texas poderia despertar um tufão em Tóquio seis dias depois. Mas esse senso de conexão não é novidade. "Todas as coisas estão secretamente ligadas pelo poder divino, pois não podeis mexer numa flor sem incomodar uma estrela." (Francês Thompson)

- Podemos *escolher viajar levemente*: "Dance como se ninguém estivesse vendo, ame como se nunca tivesse sido magoado, cante como se ninguém ouvisse, viva como se fosse o paraíso na Terra." (Mark Twain)
- Podemos *escolher aceitar*. Aceitação lhe dá maior poder para fazer o que quiser. É o pivô e é surpreendentemente dinâmica. Não significa que você tem que esquecer ou concordar com alguém ou com algo que tenha acontecido. Mas o ato de aceitação tem poder mágico. Significa que internamente você pode mudar, reorganizar suas próprias reações e viver em estado de paz. Às vezes (*mas não conte com isso!*) a situação toda é transformada.

Aumente seus Níveis de Energia

Ocasionalmente mencionamos o fato de estarmos "naqueles dias" quando nada dá certo. Ou o fato de estarmos "protegidos" e nada pode dar errado. Seja qual for a causa, seja um golpe de sorte, energia difícil, interferência estática, séries de atropelos causados pela falta de carinho, ou um conjunto de oportunidades acontecendo todas ao mesmo tempo, percebemos que o tempo está certo ou errado e que podemos trabalhar com isso.

Tornar-se consciente de que é a hora certa ou não significa que conservar energia e direcioná-la para onde você pode fazer melhor uso dela. Por exemplo, quando você tenta ligar várias vezes para alguém ou para uma empresa mas não consegue ser atendido – seja porque o telefone está constantemente ocupado ou porque a pessoa não está disponível – trata-se de uma mensagem do universo. Deixe isso de lado! Você apenas gasta tempo e energia ao tentar ser atendido. Se esperar pelo dia seguinte verá que será atendido imediatamente. Você pode escolher ser *dinâmico* e continuar tentando, mas isso é na verdade o seu ego tentando confirmar sua superioridade sobre o fluxo de energia do universo. Por outro lado, você pode escolher estar *receptivo* aos sinais. Fazer algo diferente com seu tempo e esperar que a energia fraca se fortaleça e recomece seu fluxo.

Você pode conseguir o que quer ficando parado.

O mesmo vale para quando você está comprando algo. Não importa onde você vá, nem o que você prove, eles não tem a peça no seu tamanho ou não parece ser a certa. Você perceberá isso rapidamente se acontecer duas vezes seguidas. Abandone suas compras, a menos que você queira enlouquecer ou desperdiçar seu tempo. Ao abrir seus canais de energia rapidamente interpretará os sinais na atmosfera, e entenderá a mensagem, seja com altas ou baixas de energia.

Estamos tão acostumados a ficar estressados e inquietos que perdemos a habilidade de ficar quietos. Tanta ênfase existe em "estar ocupado" que somente atividades barulhentas ganham alguma glória em nosso pensamento vigente. Na verdade, usamos nosso estresse como uma insígnia de conquistas para mostrarmos como somos importantes, necessitados, ocupados e prósperos. Então, quando finalmente temos algum tempo de sobra, nossos corpos não são capazes de relaxar. Na verdade despendemos muito mais energia estando nervosos do que relaxados. Nossa energia é roubada quando estamos muito ocupados, nos retirando de um lugar de quietude onde podemos nos conectar com o universo.

É claro que a energia responde bem a uma dieta melhor e a um ambiente mais quieto, limpo, saudável. Somos viciados em mídia, em estarmos "em contato" através de meios impessoais, como mensagens de texto. Bombardeando-nos uns aos outros, somos invadidos por chocantes manchetes de jornais que esgotam nossa energia. Se constantemente assistimos a notícias ruins na tv, lemos livros que não nos acrescentam em nada e fofocamos sobre pessoas, esgotamos nossa energia. Permaneça consciente do que acontece em seu ambiente. Você pode usar o *feng shui* para organizar o seu espaço.

O ESPAÇO VAZIO

Às vezes somos atirados em um espaço vazio. O trem do metrô está parado, o ônibus não chega, a pessoa que vamos encontrar está atrasada. Isso não é perda de tempo! Essas são oportunidades para entrar num espaço vazio mental a fim de que possamos nos equilibrar, ou religar, com o que queremos – e então fazer alguns pedidos.

Para Finalizar

Somos todos pesquisadores, procurando por algo ou por alguém que faça com que nos sintamos completos. Geralmente imaginamos que outra pessoa nos fará sentir felizes, mas, na verdade, só podemos encontrar esse sentimento dentro de nós. E a simples menção de "encontrar algo dentro de nós" pode nos fazer sentir vazios, enquanto mentalmente checamos nossa cavidade estomacal e percebemos que tudo que existe lá dentro é um hambúrguer, ou algumas verduras (se formos do tipo saudável), mas certamente não a eterna e abundante fonte de felicidade. Então, onde está essa felicidade?

A milenar sabedoria taoísta fala sobre "a fonte" da qual todas as coisas vêm e para a qual todas as coisas retornam. Tudo vem daí, seja uma bolsa, um cachorro-quente ou um sorriso feliz. Conseguir acessar esse lugar é sua passagem para a felicidade. E quanto mais freqüentemente você for lá, participar e trazê-la para sua vida, mais feliz será. Não importa o que aconteça. Ser capaz de conectar-se com aquela vasta e fluída abundância é sua chance de recarregar-se e é a coisa mais parecida com o paraíso disponível na Terra. É sua fonte permanente de segurança – você pode ligar-se a ela a qualquer momento...

Agora, é com você!

A Lei da Atração Para a Vida, o Amor e a Felicidade foi impresso em
São Paulo/SP, pela Yangraf, para a Larousse do Brasil em abril de 2008.